我們這代人的學問

刘进宝 著

浙江大学出版社
ZHEJIANG UNIVERSITY PRESS

图书在版编目（CIP）数据

我们这代人的学问 / 刘进宝著 . — 杭州 : 浙江大
学出版社, 2019.6（2019.11重印）
ISBN 978-7-308-19175-3

Ⅰ . ①我… Ⅱ . ①刘… Ⅲ . ①社会科学—文集 Ⅳ .
①C53

中国版本图书馆CIP数据核字（2019）第098979号

我们这代人的学问

刘进宝　著

责任编辑	宋旭华　蔡　帆
责任校对	王荣鑫
封面设计	云水文化
出版发行	浙江大学出版社
	（杭州天目山路148号　邮政编码：310007）
	（网址：http://www.zjupress.com）
排　　版	浙江时代出版服务有限公司
印　　刷	浙江印刷集团有限公司
开　　本	880mm×1230mm　1/32
印　　张	7.75
字　　数	176千
版 印 次	2019年6月第1版　2019年11月第2次印刷
书　　号	ISBN 978-7-308-19175-3
定　　价	49.00元

自　序

　　编辑这本专业研究之外的学术小文，不由使我想起 30 多年前的大学时光。我是 1979 年考入甘肃师范大学历史系的，属于"新三级"学人中的第三级。由于 1949 年以后我们向苏联学习，高校中普遍开设俄语课，地处西北的甘肃师范大学也与全国一样，以俄语教学为主。1978 年改革开放后，全民又开始广泛学习英语，如《英语 900 句》之类的书曾风行一时。我们的师兄师姐——77 级和 78 级同学外语课程学的是英语，到了我们入学时，已经没有英语老师可以上课了，而很多俄语老师则无事可做，学校就安排我们 79 级全部学习俄语。

　　当时学界的热点之一是中俄关系史，教我们中国近代史课程的吴廷桢老师是较早从事中俄关系史研究的学者，他代表甘肃师范大学参加了《沙俄侵略中国西北边疆史》的编写，并负责其中的第五章"沙俄武装侵占中国帕米尔地区"。为了写好本章书稿，以吴老师为主编辑了《帕米尔资料汇编》，由甘肃师范大学历史系于 1978 年铅印交流。在资料搜集和书稿撰写过程中，吴老师还在《历史研究》1977 年第 6 期发表了《沙俄武装侵占我国帕米尔地区的历史真相》，该文署名"郑史"，之所以如此，有两个原因，一是吴老师当时的"右派"还没有改正，不能署名发表论文，另一个则是作为集体任务，个人很少有单独署名的。当时甘肃师范大学的历史系与政治系合并在一起，称为"政史系"，取名"郑史"就是政治和历史的合称谐音。

《沙俄侵略中国西北边疆史》由人民出版社于1979年出版，同时，人民出版社还出版了《沙俄侵华史》，陕西人民出版社出版了《沙俄侵略我国西北边疆简史》，全国兴起了研究中俄关系史的热潮。在兰州的高校以兰州大学为主，编辑出版了《中俄关系史论文集》（甘肃人民出版社1979年版），成立了西北地区中俄关系史研究会，创办了研究会的通讯《西北史地》。吴廷桢老师就是研究会在甘肃师范大学的联络人。

正是因为这一原因，我在大学阶段初期的学习兴趣是中俄关系史，吴老师建议我从林则徐入手，于是我就购买了来新夏先生的《林则徐年谱》（上海人民出版社1981年版）。在认真学习《林则徐年谱》及其他资料的基础上，在吴老师的指导下，我撰写了第一篇习作《"终为中国患者，其俄罗斯乎"——略论林则徐对沙俄侵华的预见》。这篇习作的初稿经过吴老师的精心修改后，我们联合署名，油印在历史系的学术会上作了交流。此篇论文经过修改后以《略论林则徐对西北边患的预见》为题在《西北史地》1984年第1期发表。因为此时中苏关系开始缓和，编辑部就建议改了标题。

在仔细学习来新夏先生的《林则徐年谱》时，我还买了来先生的《古典目录学浅说》（中华书局1981年版），随后又见到了来先生的《近三百年人物年谱知见录》（上海人民出版社1983年版）。在学习中了解到来先生还出版过《北洋军阀史》等著作。

就这样，我开始关注来新夏先生，知道来先生的知识面非常广博，在许多方面都有建树。于是就暗暗下定决心，要向来先生学习，扩大阅读面，如果以后有机会读书、做学问，也一定要像来先生那样进行广泛的涉猎。

后来，我的学术兴趣转向了敦煌学，但广泛阅读的习惯一直坚持下来，大学时代就订阅了《文史知识》《史学月刊》等，以后又长期订阅《文汇读书周报》《社会科学报》《中华读书报》《中国社会科学报》等，也断断续续订阅过《光明日报》《南方周末》《中国图书商报·书评周刊》等。至于一些专业刊物，也是尽量订阅。这样，我的阅读面相对就要广一些。

1991年初，江泽民总书记致信国家教委负责人何东昌等，就对青少年儿童进行中国近代史、现代史国情教育问题作出指示。为了贯彻落实总书记的指示，甘肃教育出版社总编辑徐明珏先生提出要为青少年编写一套通俗的中国近现代史读物，当时我的《敦煌学述论》正由甘肃教育出版社审阅出版，徐总编知道我是学习和研究历史的，就希望由我负责其事。

听到徐总编的话，我感到非常惊诧，因为我学的是隋唐史，从事的是敦煌学研究，对中国近现代史根本不熟悉，也绝对没有能力承担这一工作。但由于甘肃教育出版社对我的厚爱，徐总编的建议我又不能拒绝，再加上当时出版非常困难，而编写这套书不仅不需要出版费，而且还有稿费。我就答应帮忙联系，承诺肯定会找到比我更合适的作者。

随后我与大学老师——中国近代史专家吴廷桢先生和中国现代史专家徐世华先生联系，得到了他们的首肯，就与甘肃教育出版社签订了图书出版合同。在签订合同的前后，吴老师和徐老师都曾提出由我们三位主编，我当然是断然拒绝，随后他们又曾建议让我在某本书上署名，我也没有答应。我知道他们完全是好意，希望通过此办法让我拿一点稿费。但我知道自己对中国近现代史没有研究，如果从事某一部分的写作，就要下大力气阅读相关资料，这对我来说是根本不可能的。但如果没有参加写作而署名，在我的心理上又是绝对不允许的。这就有了吴廷桢、徐世华主编，甘肃教育出版社 1993 年出版的"中华百年史小丛书"，全套丛书共 6 册，即《三千里硝烟》《辛亥风云》《西学东渐》《抗日烽火》《改变历史进程的战争》《光明与黑暗的决战》。

2002 年我从西北师范大学调入南京师范大学。南京是全国六朝史研究的重镇，纯粹的唐史研究虽然相对薄弱，但唐代文史研究的大家——卞孝萱、周勋初和郁贤皓三位先生都在南京。我既然到了南京，自然想得到卞孝萱、周勋初和郁贤皓三位先生的指点。由于先师金宝祥先生的关系（卞先生早年曾是范文澜先生的助手，并协助范文澜撰写《中国通史》的隋唐五代卷。金宝祥先生是 20 世纪 50 年代初由范文澜介绍到西北师范学院任教的），我和卞孝萱先生在 1984 年就认识了，并一直有着联系，到南京后交往就更多了。卞先生曾邀请我协助他主编了《新国学三十讲》。我主编《百年敦煌学》时，也得到了卞先生的支持和赐稿。

为了向周勋初和郁贤皓先生请教，我就要了解他们的学问，学习他们的论著，以便有与他们对话的基础和资格。周先生的《唐语林校证》《唐人轶事汇编》我早就购买阅读，他的文章我也看过一些。周先生和他的学生余历雄的《师门问学录》由凤凰出版社 2004 年出版后，我认真读了此书，很受启发。当然也有一些疑问，我曾多次到周先生府上面谈，请教《师门问学录》中的书、人和事，当然也表达了某些不同的见解。周先生由于研究的需要，还让我帮他复印了先师金宝祥先生发表在《西北史地》上的《吐蕃的形成、发展及其和唐的关系》。当周先生主编的《册府元龟》点校本出版后，虽然我已经有了中华书局的影印本，但还是毫不犹豫地买了一套。本书所收《〈册府元龟〉校订本出版的启示》就是为了颂扬周先生领导的团队对唐史研究的贡献。

郁贤皓先生是南京师范大学文学院的教授，他整理的《元和姓纂》和编著的《唐刺史考全编》《唐九卿考》，是唐史研究者的案头必备书。有次在郁先生家聊天时，郁先生告知，他主编的"普通高等教育'九五'国家级重点教材"《中国古代文学作品选》（六卷本）拟申报国家精品教材，他已请中华书局的傅璇琮、南京大学的周勋初、复旦大学的章培恒、陕西师范大学的霍松林、南开大学的罗宗强五位先生写了推荐意见，同时提出让我也写一份推荐书。郁先生的话让我大吃一惊，我立即说："这绝对不行，我是晚辈，而且是历史专业，哪有资格来写这个推荐！"但郁先生说："行，哪有什么不行，你就从你的角度写一个。"郁先生的指示让我诚惶诚恐，但又无法拒绝，这就有了收入本书的《史学视野中的〈中国古代文学作品选〉》。

在卞先生、周先生和郁先生书房中的请教、问学和聊天，是非常愉快的，我们谈文学、谈历史、谈掌故。我不仅扩大了知识面，知道了许多学林掌故，还从他们身上领略了大家的风范，受益无穷。

来新夏先生说自己一辈子只做了一件"正经事"，就是读书。他认为"读书的两大目的就是淑世和润身。淑世是对社会有所功用，润身是丰富自身的修养"。来先生广博的学问，我是根本无法企及的，但心向往之。

我没有什么业余爱好，也不喜欢外出旅游。我的业余生活主要是在专业的工作之外，泡杯茶来翻杂志和报纸，也看小说和一些闲书（专业以外的书）。收入本书的许多篇章，就是这种业余生活的产物，即读专业以外图书的感想，有些是将平时所思所想反映在纪念文章和讲义之中，还有些是在报纸上发表的专业内的通俗文章。其中的绝大部分我仅仅是浅尝辄止，并没有专门研究，也没有公开发表过。是耶？非耶？也只好让读者来评判了。

正因为是不够深入的非专业文章，所以我最初想的书名是《业余生活》，但编辑认为不大好。后来又想用《读书的乐趣》，编辑看了书稿后，提出用我在胡可先《新出石刻与唐代文学家族研究》新书发布会上发言的题目《我们这代人的学问》，这个书名应该说更符合本书的内容和我编辑这本小书的理念。

当可先君邀请我参加他的《新出石刻与唐代文学家族研究》新书发布会时，不知道该说点什么，我就将可先君的学术理路作了简单的梳理，将发言的题目定为《我们这代人的学问》，其主要目的就是赞扬可先文史兼通的学问。我也希望我们的下一代学人，能够出现在断代史的各个方面，或超越断代史，在整个中国古代史或中国史领域都有发言权的学者。

"我们这代人"主要是指新三级学人，即77、78、79级大学生和78、79级研究生。说到"我们这代人"，绕不过去的是1978年。1978年是值得纪念的一年，以十一届三中全会的召开为标志，这一年被定为改革开放年，这主要是从政治上说的。如果从科学史的角度考察，还有不能忽略的全国科学大会。

从1977年9月开始筹备，1978年3月18日，中共中央、国务院在北京召开了全国科学大会。在有6000多人参加的大会开幕式上，邓小平作了重要讲话，号召大家"向科学技术现代化进军"。并明确提出"知识分子是工人阶级的一部分"，重申"科学技术是生产力"。在3月31日的大会闭幕式上，宣读了中国科学院院长郭沫若的书面讲话《科学的春天》。

邓小平提出"知识分子是工人阶级的一部分",将知识分子从"臭老九"解放出来,开始作为"工人阶级的一部分"对待,确立了尊重知识、尊重人才的根本方针。所以这一年,不仅标志着"科学的春天"的到来,而且还被视为一个新时代的起点。

这一年的春天,77级大学生入学,由于77、78级招生规定年龄可放宽到30岁,而且婚否不限,同时,中断了多年的研究生招生也在全国部分重点高校恢复,报考的年龄也从35岁放宽至40岁,所以在新三级学人中,年龄、经历差别很大,夫妻同校、两代人同读的现象并不鲜见。

"我们这代人"处在一个思想的时代。由于以前的规章制度被破坏或废除,新的规章还未建立,没有各种制度牢笼的束缚,许多的思想、理论和方法便纷纷呈现。今天看来,有些理论和方法并不一定正确,如"老三论"(系统论、控制论和信息论)和"新三论"(耗散结构论、协同论、突变论),实际上并不适合人文学科。虽然有生搬硬套的痕迹,但不可否认,当时的许多新思想、新方法,对于开拓人们的视野、打开人们的思维方式是很有启发和帮助的。如:1980年5月,《中国青年》发表了署名"潘晓"的来信,提出"人生的路啊,怎么越走越窄",引发了全国范围的"潘晓讨论";李泽厚的"三论"(《中国古代思想史论》《中国近代思想史论》和《中国现代思想史论》)、"走向未来丛书"等,使我们的思想更加开阔;我们看手抄本《第二次握手》,争相传阅报刊上公开发表的《爱情的位置》《乃凤眼》等小说,才知道爱情原来是美好的,也是可以歌颂的;《在社会的档案里》《飞天》等中短篇小说,使我们对社会有了更加全面的认识。

"我们这代人"处在一个学习的时代。我们的学习没有今天应试教育的强迫,也没有今天考核、填表的压力,更没有津贴、奖金的诱惑，就是要将失去的时间夺回来，要提高自己，为国家的"四个现代化"建设贡献力量。徐迟的报告文学《哥德巴赫猜想》在1978年1月的《人民文学》发表，不仅塑造了一代知识分子的代表陈景润，更是引起了全社会对知识的重视和对知识分子的尊重。那是一个真正尊重知识，知识分子受到普遍尊重的时代。

那时大家对知识的渴望非常强烈，晚上宿舍熄灯后，就在走廊、路灯下看书；由于图书的稀少，常常是排队阅读，甚至你是前半夜，我是后半夜；为了购买《现代汉语词典》《唐诗三百首》等书，书店门口经常排着长长的队伍；由于需求量太大，许多文学杂志都是在各地限量发行，就连发行200多万份的《中国青年》，我在兰州都无法订，只能托中学老师在县城订阅后再寄送给我。当时的学习状态真可说是如饥似渴。

"我们这代人"处在一个有理想的时代。虽然当时国家还比较贫穷，也在许多方面落后，但我们充满着信心：我们的国家会越来越好，我们有着光明的前途。我们是幸福的，真正是将个人的命运与祖国的前途紧密结合在了一起。我所就读的西北师范学院是省属高校，主要是培养中学教师。当时教育我们毕业后要到艰苦的地方去，到边远的地方去，到祖国最需要的地方去，即国家的需要就是我们的选择，我是一颗螺丝钉，哪里需要就往哪里拧。正因为这样，我们才忘我地、如饥似渴地学习，力图多购买、订阅、抄录一些资料。万一被分配到山区中学，条件有限的话，自己学习到的知识和储备的资料，能够满足中学的教学需要。

"我们这代人"处在一个物质贫乏的时代。当时经济短缺，生活普遍比较艰辛。复旦大学葛兆光教授说："我研究生毕业后曾在扬州师院任教，大多数时候是跟人合住的。直到80年代末在北京，住的也只是9平方米的房，窗子在高处，仿佛监狱，又好像仓库。

住上三室一厅的房子是在 2000 年，那是当了副教授十五年、正教授八九年后了。"我个人的经历也与葛老师差不多，1983 年大学毕业后留校工作，四个青年教师住一间宿舍，结婚一年多后分配了一间土平房，是 1939 年成立西北师范学院时最早盖的一批房子，与葛老师的一样，"窗子在高处，仿佛监狱，又好像仓库"。评上副教授后，分到了一套 30 多平方米的旧楼房，评上教授后才分到了一套 80 平方米的房子。

当然，我们不能要求今天的年轻学者与我们一样，毕竟社会发展了，时代不同了，要求和需求自然也不同了。但面对缺乏诚信，更加注重物质、功利化色彩浓厚的当下，青年学人的选择也很重要。正如南京大学的元史专家刘迎胜先生说："目前中国经济上已经是世界第二大国，我们的青年学者更要认真思考，自己所做的学问，自己所在的学科怎么样才能达到和国家、民族新的国际地位相称的水平，要做到这一点，自己又需要付出怎样的努力，体现出我们知识分子的家国情怀。"（王东平《研究中国历史需要世界的眼光——刘迎胜教授访谈录》，载《史学史研究》2018 年第 4 期）

本书所收文章的写作时间跨度较长，一部分也没有发表过。文章的整理和校对得到了秦桦林、宋翔、赵大旺、许超雄、闫丽、赵梦涵、王晶等青年教师和同学的帮助，编辑蔡帆作了认真的审读，使我避免了许多错误，在此一并表示感谢。当然，如有任何的不足或错误，自然由我承担。

2019 年 1 月 31 日

2019 年 3 月 16 日修改

目　录

我与敦煌学

一

我关注敦煌及敦煌学，可以说是比较偶然的。我家在兰州市的一个郊县榆中，我所就读的中学是公社中学（相当于今天的乡镇中学）。当时在乡镇中学任教的还有一些大学生，我中学有一位教数学的丁老师，就是甘肃师范大学（原西北师范学院，20世纪50年代改为甘肃师范大学，1981年恢复原校名，1988年更名为西北师范大学）数学系毕业的，她的丈夫正是甘肃省图书馆的周丕显先生。周先生曾在南京大学历史系、北京大学图书馆学系学习，聆听过贺昌群、王重民先生的课，是敦煌学专家。

1979年我考入甘肃师范大学历史系，此时丁老师已调到了兰州的中学，住在甘肃省图书馆的大院里。由于当时市场还不繁荣，有时丁老师就让以前的同事帮忙代买一些鸡蛋，我回家时顺便带给她。这样就和周丕显先生相识并熟悉，在一起也就谈到了学习，谈到了敦煌和敦煌学。星期天还经常去甘肃省图书馆历史文献部看书。

后来又聆听了日本学者藤枝晃先生、敦煌文物研究所孙修身先生等在西北师范学院的演讲，使我更加关注敦煌及敦煌学。

这些演讲让我大体感知到了敦煌学研究的价值与前景，恰好此时，兰州大学创办了《敦煌学辑刊》，敦煌文物研究所创办了《敦煌研究》并出版了《敦煌研究文集》。虽然这些书刊在当时来说比较贵，经济上并不宽裕的我还是咬咬牙购买了。

就是因为认真读了《敦煌研究》试刊号、《敦煌研究文集》及《敦煌学辑刊》，使我爱上了敦煌和敦煌学，从此也就开始关注报刊上的有关信息和论文。为了学习方便，我常常在口袋中装着纸和笔，看到报刊上有关敦煌学的消息就抄下来，这样长期坚持，日积月累，所抄的条目逐渐增多。为了查阅的方便，就分门别类地做了整理。

1983年7月大学毕业后，我被留在了刚成立不久的西北师范学院敦煌学研究所。这时筹备已久的中国敦煌吐鲁番学会成立大会和1983年全国敦煌学术讨论会即将在兰州举行，西北师范学院是会议的承办单位之一，我作为工作人员被派往会议接待组，从事会务服务。为学习而抄录的有关目录，也因陈守忠所长的厚爱而汇编为《敦煌学论著目录》，油印在会上交流，这就是1985年甘肃人民出版社出版的《敦煌学论著目录（1909—1983）》一书的初稿。

在这次会议上，见到了许多我仰慕的学术大家，尤其是和承办单位——兰州大学、敦煌文物研究所、甘肃省社会科学院的老师们常在一起，从而熟悉起来，并建立了长期的友好关系。

1984年9月，华东师范大学的吴泽、袁英光先生应西北师范学院历史系主任金宝祥教授之邀，前来讲学。讲学结束后，吴泽、袁英光教授及吴先生的博士生盛邦和赴敦煌参观，我受命陪同前往。

这是我第一次来到敦煌。在敦煌约一个月的时间里（吴泽先生等很快离开敦煌回上海），我就住在莫高窟下的敦煌文物研究所，可以随时参访所有的洞窟，但是由于自己在艺术感知方面的欠缺，再加上还没有形成明确清晰的学术研究方向，所以收获不大。在莫高窟时，我和研究所的很多先生都有接触，得到了许多帮助和指教，现在想起来还深怀感念。

1985年，我考取西北师范学院历史系中国古代史专业硕士研究生，跟随金宝祥先生学习隋唐五代史。硕士学位论文是研究隋代历史的，其主体部分就是在金先生指导下，与金先生、李清凌、侯丕勋合著的《隋史新探》（兰州大学出版社1989年版）。

回想三年的硕士研究生学习，金先生虽然给我们上课不多，但要求却很严厉。那时没有今天的考核、津贴、业绩点，也没有项目、课题、发表论文的要求，但老师们却都是兢兢业业地工作，出版的著作、发表的论文虽然不多，但绝大多数都是有见解、有水平的干货。老师们带的研究生也很少，基本上都是招一两名，等毕业后再招新生。金先生"文革"后于1982年春季招收了研究生，等1985年春季毕业后，秋季就招了我和杨秀清学兄，等我们于1988年毕业了再招新的学生。正因为如此，我们的三年研究生学习，基本上都是和老师在一起，甚至就像老师的家人一样，一周会有三四个半天或晚上在老师的书房里聊天、谈学问。毕业后因为我就在学校工作，都住在校园里，这种问学的方式也坚持了多年。这种导师和研究生私人之间的讲授、交流，其最大特点和优势就是师生之间既有知识的传授，但更多的是精神的传递、人格的熏陶。这也正如钱理群先生所言：人文科学的"研究生教育不是在课堂上正经讲课完成的，而是在教授的客厅里，听他海阔天空的闲聊中结业的"。（钱理群《学魂重铸》，文汇出版社1999年版，第98页）

由于我是在职学习，研究生毕业后的工作单位仍然是敦煌学研究所。当时所里既没有给我研究任务，我自己也没有确定的研究方向，一时不知向哪里发展。一个偶然的机缘，《兰州晚报》约我撰写《通俗敦煌学》的稿件，为此，我集中阅读了一些敦煌学研究论著，开始撰写每篇五六百字的文章，每周刊发一二篇。正是在此基础上，经过提炼加工、深化系统，形成了1991年由甘肃教育出版社出版的《敦煌学述论》一书。

《敦煌学述论》虽然以综述介绍前人的成果为主，但毕竟是中国大陆第一本比较全面、系统的敦煌学概述性著作，因此出版后得到了学界的好评，季羡林、项楚、朱雷、柴剑虹等敦煌学界的著名专家都写信给予好评。由于柴剑虹先生的推荐，台湾洪业文化事业有限公司将其纳入"国学精粹丛书"，出版了中文繁体字版；后来又由韩国延世大学全寅初教授翻译，在韩国出版了韩文版。此后，我撰著的《敦煌学通论》（甘肃教育出版社2002年版）、《丝绸之路敦煌研究》（新疆人民出版社2010年版），都是在《敦煌学述论》的基础上进一步增删修改的结果。

1994年后，我将研究的主要方向集中在归义军经济史方面。1995年，我向在武汉大学举办的中国唐史学会年会提交了《从敦煌文书谈晚唐五代的"地子"》的学术论文，该文发表于《历史研究》1996年第3期。随后又发表了《从敦煌文书谈晚唐五代的"布"》《P.3236号〈壬申年官布籍〉时代考》《归义军土地制度初探》等论文。

1998年，我考取了武汉大学中国古代史专业博士研究生，指导教师是朱雷先生，研究方向是敦煌吐鲁番文书。因朱先生知道我近几年主要从事敦煌经济史的研究，就让我在经济史方面选定博士论文题目。2001年，我以《归义军赋税制度研究》的论文获得博士学位。

博士毕业后，我仍然主要致力于归义军经济史的研究，2003年以"从敦煌文书看唐宋之际经济的传承与演变"为题申请并获得了国家社科基金的资助，通过几年的努力，完成了课题的最终成果——《唐宋之际归义军经济史研究》（中国社会科学出版社2007年版）。该成果入选"国家社科基金成果文库"第二批10本之一，由全国哲学社会科学规划领导小组办公室指定中国社会科学出版社出版。

二

2006年，我撰写了《敦煌学史上的一段学术公案》（《历史研究》2007年第3期），主要就"敦煌在中国，敦煌学在日本"的说法作了澄清。

从20世纪80年代初开始，在国内就有了"敦煌在中国，敦煌学在日本"的传言，并说这是日本学者藤枝晃1981年4月在南开大学做讲座时说的，同年5月26日藤枝晃在西北师范学院演讲时也曾说过。此事虽然是一个误传，但在学界、政界流传很广，也曾影响到中日两国敦煌学界的交流。相比较而言，我可能是澄清此事的比较合适的人选，一方面藤枝晃先生在西北师范学院演讲时我是听众，现在还保留着当年的听讲笔记，后来藤枝晃先生再次来西北师范学院座谈时，我已留校任教，参加了与藤枝晃先生的座谈会，会后还与藤枝晃先生就此传言有过短暂的交流。另一方面，我的两位导师都是此事的当事人，藤枝晃在兰州的演讲是在我的母校西北师范学院，主持人是我的硕士生导师金宝祥教授；在南开大学做讲座时，我的博士生导师朱雷教授是听讲学员，不仅全程参加了讲习班，而且还帮助整理了藤枝晃的讲义《敦煌学导论》。后来，朱先生不仅将他保留的《敦煌学导论》讲义送给了我，而且还多次谈到此话不是藤枝晃说的，而是讲座前介绍他的吴廷璆教授说的。另外，邀请藤枝晃来南开大学做讲座的是吴廷璆教授，他1986年秋来兰州看望金宝祥先生时，我曾在金先生家看望交谈，同时我还保留着1981年第4期的《外国史知识》，上面刊载有对吴先生的专访，其中就有"敦煌在中国，敦煌学在外国"之说。以上三方面有机地结合在了一起，而且都与我有交集。所以当2005年荣新江教授的《中国敦煌学研究与国际视野》（《历史研究》2005年第4期）涉及这一问题时，我便撰写文章，对"敦煌在中国，敦煌学在日本"一说的来龙去脉进行了说明辨析。

在撰写《敦煌学史上的一段学术公案》的前后，时逢敦煌学百年（1909—2009年）之际，我想敦煌学已经百年了，学界应该对百年敦煌学的历程进行全面总结和评析，为新世纪敦煌学的发展提供参考。为此，我曾多次呼吁进行敦煌学术史的总结，希望有单位或组织出面，邀请敦煌学研究者从各自的学术经历、研究方向、甘苦得失等方面摆出成绩、指出不足，总结教训、展望未来。遗憾的是这一呼吁未能得到积极响应。

然而时不待人，老一代敦煌学学者年事已高，身体也不大好，如果现在不做抢救性的总结，以后可能就没有机会再为百年敦煌学留下科学严谨、清晰真实的学术史资料了——这是我们这代人的使命，我们不应该也不能留下历史的空白和终身的遗憾。

有了此念头后，我先尝试着从我最熟悉的史学方面着手，首先邀请国内外历史学领域老中青代表学者以"敦煌学百年：历史、现状与发展趋势"为题撰写笔谈，这就有了日本学者池田温的《敦煌写本伪造问题管见》、樊锦诗的《关于敦煌石窟研究的一些思考》、姜伯勤的《宿白先生论敦煌遗书研究始于中国——读〈敦煌七讲〉》、郝春文的《交叉学科研究——敦煌学新的增长点》、荣新江的《期盼"吐鲁番学"与"敦煌学"比翼齐飞》，再加上我的《敦煌学术史研究有待加强》，共6篇笔谈。这组6篇的笔谈原计划在2008年发表，但由于一些特殊的因素，到了2009年才在《中国史研究》第3期发表。

在本组"敦煌学笔谈"交稿后，我认为有必要对敦煌学进行更全面的总结，就向国内外敦煌学研究的代表人物发出了约稿信。在约稿函中我曾这样表述：

> 敦煌学产生于1909年，已有了百年的历史。在敦煌学产生百年之际，敦煌学本身也进入了一个新旧交替的时期，即前一个阶段主要是以资料的搜集、整理、刊布为主，目前，《英藏敦煌文献》14册、《俄藏敦煌文献》17册、《法藏敦煌西域文献》34册已全部刊布，中国国家图书馆所藏敦煌文献已刊布30册，计划共有150册，将于2008年全部刊布。北京、伦敦、巴黎、圣彼得堡四大收藏中心收藏的敦煌文献占到总数的95%以上。另外，甘肃、浙江省及北大、天津艺术博物馆、上海博物馆等地所藏敦煌文献也已公布。可以说，资料的刊布已经完成。在新的阶段，应该是对已刊布的资料进行全面、综合、深入地研究了。

> 为了对前一阶段的敦煌学研究进行总结，找出经验教训，对现状进行评析，对以后研究的方向，应该注意的问题、加强的方面，方法、理论等进行规划、展望，我们与有关杂志社联系，拟在敦煌学百年到来之际，以"敦煌学百年：历史、现状与发展趋势"为题，邀请在国际学术界有影响的敦煌学家组织一组笔谈。

约稿函发出后，得到了大家的积极响应和支持。《学习与探索》2008年第3期、《社会科学战线》2009年第9期、《新疆师范大学学报》2009年第2期、《南京师大学报》2008年第3期和2009年第5期都曾以专栏的形式发表了"敦煌学笔谈"。这些"笔谈"发表后，得到了学界的赞扬与好评，《新华文摘》、人大《复印报刊资料》、《高等学校文科学术文摘》等都给予转载、复印、摘录。全部约稿则汇集为《百年敦煌学：历史·现状·趋势》一书，在2009年敦煌学百年之际由甘肃人民出版社出版。

由于组编《百年敦煌学》，使我对敦煌学术史更加关注，从而将自己的部分精力也放在了敦煌学术史的探讨上。

三

回顾我的敦煌学学习和研究历程，有几个方面的感想：

一、遇到了好老师。不论是我的大学本科学习阶段，还是硕士、博士学习阶段，都遇到了许多学识高、人品好的老师。本科和硕士学习时期的金宝祥、陈守忠、王俊杰、李庆善、郭厚安、吴廷桢、潘策、伍德煦、赵吉惠、宋仲福、水天长、徐世华等先生，都是学问好、人格高尚的学者。博士阶段的学习单位武汉大学中国三至九世纪研究所，更是名师云集。我的硕士生导师金宝祥先生和博士生导师朱雷先生，都有一个共同的特点，即论著不多，甚至可以说都没有专著，论文的数量也不多。金先生的代表作是《唐史论文集》（甘肃人民出版社1982年版），朱先生的代表作是《敦煌吐鲁番文书论丛》（甘肃人民出版社2000年版），这两部代表作都是论文集。金先生论文的特点是宏观探讨，如《唐代经济的发展及其矛盾》《论唐代的土地制度》《论唐代的两税法》《北朝隋唐均田制研究》《安史乱后唐代封建经济的特色》《唐史探赜》《关于隋唐中央集权政权的形成和强化问题》等，都是贯穿有唐一代，乃至中古社会较长时段的研究，每篇论文都能发展成为一本专著。这样高屋建瓴的论文，没有相当的理论素养、学术功底和洞察力是根本不可能完成的。据我在西北师范大学的 20 余年所知，先生对一些经典作家的论著，尤其是黑格尔的

金宝祥《唐史论文集》

《小逻辑》、马克思的《资本论》、列宁的《哲学笔记》等，都非常熟悉，并放在手边经常翻阅。

北京大学吴宗国先生在《我看隋唐史研究》（《文史知识》2006 年第 4 期）中提出，"隋唐时期在中国历史发展上的地位问题，是一个关系隋唐历史的全局性问题"。关于这一重要问题研究，"最具有学术意义的论著，有陈寅恪的《论韩愈》（《历史研究》1954 年第 2 期）、金宝祥的《唐代经济的发展及其矛盾》（《历史教学》1954 年第 5、6 期）、唐长孺的《门阀的形成及其衰落》（《武汉大学人文科学学报》1959 年第 8 期）、侯外庐的《中国思想通史》第 4 卷上册第 1 章第 2 节《中国封建社会的发展及其由前期向后期

转变的特征》（人民出版社 1959 年版）、胡如雷的《唐宋时期中国封建社会的巨大变革》（《史学月刊》1960 年第 7 期）、汪籛的《唐太宗·唐太宗所处的时代》（1962 年）、《关于农民的阶级斗争在封建社会中的历史作用问题》（1965 年，收录于《汪籛隋唐史论稿》，中国社会科学出版社 1981 年版）等"。

吴宗国先生同时指出，上列陈寅恪、金宝祥、侯外庐、胡如雷、汪籛先生的论文和著作，"长时段全方位论述了这个时代的变化""代表了二十世纪五六十年代在这方面的最高成就，具有很高的学术水平和认识价值。我们现在研究隋唐在中国中古社会变迁中的地位，如果离开了这些具有经典性的著作，会大大降低我们的起点，要走很多弯路"。

吴宗国先生的评价符合金宝祥先生治学的特点和其论著的学术价值。

朱雷先生 1962 年研究生毕业后，留在了唐长孺先生创办的武汉大学魏晋南北朝隋唐史研究室。此后，在唐先生的指导下，对《全唐文》资料进行分类摘录，做成卡片；阅读英藏敦煌遗书缩微胶卷，抄录出了一批社会经济资料。1974 至 1986 年春，由武汉大学借调至国家文物局，作为国家文物局吐鲁番出土文书整理组（组长为唐长孺教授）主要成员，并作为唐长孺先生的学术助手，赴新疆、北京等地参加吐鲁番出土文书的整理和研究工作。从事古文书的录文、拼合、释文、定名和断代，协助唐先生编著了《吐鲁番出土文书》释文本 10 册和图文本 4 册。

这些经历，使朱雷先生对传世文献和敦煌吐鲁番文书都有了精到的掌握，尤其在吐鲁番文书整理和研究方面站在了国际学术前沿，《吐鲁番出土北凉赀簿考释》《论麹氏高昌时期的"作人"》《唐代"手实"制度杂识》《唐代"点籍样"制度初探》《唐"籍坊"

考》《唐代"乡帐"与"计帐"制度初探》《唐"职资"考》《敦煌两种写本〈燕子赋〉中所见唐代浮逃户处置的变化及其他》《敦煌所出〈万子、胡子田园图〉考》《东晋十六国时期姑臧、长安、襄阳的"互市"》等论文，就是传世文献与出土文献有机结合的典范。这些论文都是以小见大，既具有深厚的文献功底，又有极强的思辨能力，所获结论也被史学界屡加征引。

朱雷《敦煌吐鲁番文书论丛》

　　20世纪80年代中期，曾有学者言及唐门弟子对唐先生治学的传承问题，称唐先生治学所主要涉及的魏晋南北朝史、隋唐史和敦煌吐鲁番文书三大领域中，"继承魏晋南北朝的是高敏，继承唐史的是张泽咸，继承敦煌吐鲁番文书的是朱雷"。(《敦煌吐鲁番文书与中古史研究：朱雷先生八秩荣诞祝寿集》，上海古籍出版社2016年版，第478页）王素先生在《敦煌吐鲁番文书论丛》的书评中有言："朱教授的很多论文，尽管经过了十多年甚至二十多年，学术价值还是难以超越……学界师友常言：唐长孺先生门下，论文风格与唐先生最为接近者，莫过于朱雷教授，读罢本书，深信此言非虚。"(《朱雷〈敦煌

吐鲁番文书论丛〉》，载《敦煌吐鲁番研究》第六卷，北京大学出版社 2002 年版，第 409 页）

由此可见，虽然我的两位导师论著不多，但都是有真学问的史学大家，他们的论著是能够经得起时间检验的，也是能够流传下去的。而我虽然跟随两位老师多年，但由于天生愚笨，再加上所受教育的局限、生活的艰辛、兴趣的广泛、各种事务的缠身等等，没有学到老师的真本事。不论是金先生高屋建瓴的宏观研究，还是朱先生以小见大的微观考察，我都是无法企及的。他们的高度，我是永远达不到的。

二、参与了一些集体的学术活动。当我大学刚毕业留校后，遇到的第一件事就是在中国敦煌吐鲁番学会成立大会和 1983 年全国敦煌学术讨论会上做服务工作，与参加会议的代表有了联系与交流，特别是与会议的承办单位敦煌文物研究所的同志熟悉了，由此建立了我与敦煌文物研究所（后更名为敦煌研究院）长期的友好关系。

20 世纪 80 年代中期，即在我留校工作和攻读硕士学位前后，西北师范大学历史系的郭厚安、吴廷桢先生主持编著《中国历史上的改革家》《悠久的甘肃历史》《河西开发史研究》《甘肃古代史》等论著时，都提携我参与一些撰稿任务。由于我最年轻，许多跑腿的具体事务也由我来做，尤其是去出版社来回联系、送稿件等，只要老师指派，我从来没有推辞过，最多是今天有事，改在明天去。这样的送取稿件、校样等，不是一次、两次，也不是一年、两年，而是十多年。刚开始时，仅仅是因为老师指派，尊重老师，不好推辞，后来渐渐感到这也是一种责任，尤其是与出版社编辑的交往过程中，看到他们和我们的老师一样，执着于学术，一丝不苟的敬业精神。我就暗暗下定决心，要向我们的老师和这些编辑学习，以一些史学和敦煌学的专家为榜样，做出一些成绩来。

这些事务性的工作，虽然占用了一些读书的时间，也自掏了许多公交车票，但也锻炼了我打交道的能力，尤其是得到了甘肃各出版社有关领导和编辑的信任与好感，建立了密切友好的关系。1991 年，在当时图书出版还非常困难的条件下，甘肃教育出版社能够出版我的《敦煌学述论》，虽然主要是因为当时还没有一本比较全面、系统介绍敦煌学的著作，作为敦煌学故里的甘肃出版界又有想出版这类图书的愿望。但不可否认，也是出版社领导和编辑对我长期尊师与学术的认可及奖赏。

此后，我帮忙参与了甘肃人民出版社"敦煌文化丛书"（共17 册，甘肃人民出版社 2000 年出版）、甘肃教育出版社"敦煌学研究丛书"（共 12 册，甘肃教育出版社 2002 年出版）的组稿、联系等工作。现在，又与柴剑虹、张涌泉先生共同主编"浙江学者丝路敦煌学术书系"（约 40 本，浙江大学出版社 2016 年开始陆续出版）；同时还与孙继民、程存洁等师兄主编《敦煌吐鲁番文书与中古史研究：朱雷先生八秩荣诞祝寿集》（上海古籍出版社 2016年版）。

2009 年主编出版了《百年敦煌学：历史·现状·趋势》，2011年，协助卞孝萱先生主编了《新国学三十讲》（凤凰出版社 2011 年版）。2006 年在南京师范大学主办了"转型期的敦煌学——继承与发展"国际学术研讨会，2014 年在浙江大学协助主办了"丝绸之路文化论坛·新疆"学术研讨会，2015 年又协助主办了"丝路文明传承与发展"国际学术研讨会。

这许多的集体工作，只有主编《百年敦煌学：历史·现状·趋势》和主办"转型期的敦煌学——继承与发展"国际学术研讨会，由我唱主角外，其他的都是协助别人。这些工作既费时费力，又可能吃力不讨好。在此过程中，我都是本着尽职尽责的态度、默默奉献的精神做事的，既不考虑个人得失，也不揽功推过。心中的信念就是对学术的执着、对敦煌及敦煌学的热爱和深厚的感情。如20世纪90年代后期编辑出版"敦煌学研究丛书"时，有些作者是我联系的，仅国际、国内长途电话就打了很多，甘肃教育出版社的总编辑白玉岱先生曾几次表示要给我一些补偿，都被我婉言谢绝了。另如编辑《百年敦煌学》一书，所费的精力、时间确实很多，甚至比我自己写一本书还要困难。而且在目前的考核体制下，像《百年敦煌学》这类集体著作，既不能算主编的专著，也不算其为科研成果，因此一般的学者也不愿意费心耗力。而我之所以执着地坚持去做这件事，既是为了完成我们这代人的历史使命，为敦煌学的学科建设贡献一点自己的绵薄之力，也是为了"抢救"一些学术史的活史料，给前辈学者们的辛勤耕耘留下一点印迹，回馈当初我在这些集体学术活动中得到的收获与帮助。

三、坚持做自己的事。在我的人生经历中，既有过经商的诱惑，也有过从政的选择，还有几次在学校担任行政职务的机会。有些被我当场婉言谢绝了，有些需要我自己再努力一把时，我不但没有努力，而且还有意识地躲开了。今天看来，我的选择是正确的，但在当时，是否能够抵制住诱惑，是否能够选择坚持？确实是需要定力和毅力的。

人的一生可能遇不到机遇，或遇到机遇而抓不住机遇。既能遇到机遇又能抓住机遇的人毕竟是极少数。我天生愚拙，各方面条件也比较差，如果说在敦煌学研究方面还有一点点成绩可言的话，可能就出于我的坚持，即在学术研究方面有着宗教般的虔诚和初恋般的热情。

我从大学本科阶段开始喜欢敦煌学，中间虽然有过这样那样的机会，或这样那样的任务，但对敦煌学的爱好、学习和研究一直没有中断，不论是在西北师范大学，还是后来的南京师范大学，现在的浙江大学，都一直坚持做自己喜欢的事。

（原载刘进宝《敦煌文书与中古社会经济》，浙江大学出版社 2016 年版）

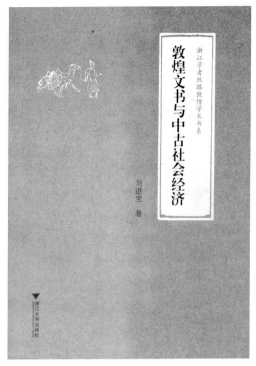

刘进宝《敦煌文书与中古社会经济》

敦煌研究院史上的"段文杰时代"

尊敬的各位嘉宾、各位同仁、各位朋友，大家上午好！非常感谢敦煌研究院的领导邀请我参加缅怀段文杰先生的追思会，并代表省外学者发言。我今天发言的题目是"敦煌研究院史上的'段文杰时代'"。

段文杰对敦煌学的贡献是多方面的，他对敦煌艺术进行了全面系统的探索，在敦煌艺术研究方面做出了开创性的贡献。在敦煌壁画临摹方面不仅个人成就卓著，而且对相关内容进行了科学总结，为创建"临摹学"的学科体系奠定了基础。段先生作为敦煌文物研究所—敦煌研究院的掌门人，为敦煌研究院的发展做出了突出贡献。

从1944年成立的国立敦煌艺术研究所到后来的敦煌文物研究所、敦煌研究院的近七十年历史中，仅有三位领导人，即常书鸿、段文杰、樊锦诗，这在全国的科研院所中是绝无仅有的，也为我们从学术史的角度探讨学术机构的管理提供了很好的个案。

1980年中共甘肃省委任命段文杰为敦煌文物研究所第一副所长，并实际主持工作。从此时开始到1998年从敦煌研究院院长的领导岗位上退居二线的 18 年，既是我国敦煌学蓬勃发展的 18 年，也是敦煌研究院学术进步、走向世界、机构建设的黄金时期。正是从这个意义上我将其称为敦煌研究院史上的"段文杰时代"。

"段文杰时代"是敦煌研究院各项工作发展的黄金时期，这都与作为敦煌文物研究所所长、敦煌研究院院长的段文杰密不可分，或者说这些工作就是段文杰先生亲自筹划并领导实施的。

第一，高度重视学术研究；

第二，创办《敦煌研究》；

第三，创建敦煌研究院；

第四，延揽及大力培养人才；

第五，加强敦煌石窟的保护；

第六，创办中国敦煌石窟保护研究基金会；

第七，为敦煌研究走向世界而努力。

以上各项工作都是在段文杰先生的领导下实施的，有些甚至是段先生具体操作完成的，其中许多都是具有开创性的。为敦煌学的繁荣及走向世界、敦煌研究院的发展奠定了基础。

段文杰先生为什么能取得如此突出的成就，或者说是什么成就了段文杰，创造了一个"段文杰时代"？

人的一生可能遇不到机遇，或者遇到机遇而抓不住机遇。既能遇到机遇又能抓住机遇的人毕竟是少数，即是那些有准备的人。马克思曾经说，每个时代都会有自己的代表人物，即"每一个社会时代都需要有自己的伟大人物，如果没有这样的人物，它就要创造出这样的人物来"。（《1848 年至 1850 年的法兰西阶级斗争》〔1849 年 6 月 13 日〕，《马克思恩格斯选集》第 1 卷，人民出版社 1972 年版，第 450 页）

段文杰就是他那个时代的伟大人物，但历史创造了段文杰，而不是其他人，自然有其各方面的因素，或者说就是段文杰本人创造了自己。哪些因素创造了段文杰呢？我个人认为，主要有以下三点：

第一，强烈的爱国主义与民族自尊心。

爱国主义是段文杰那代人心中永恒不变的主题，当20世纪80年代初段文杰任敦煌文物研究所第一副所长、所长时，正是强烈的爱国主义和高涨的民族主义笼罩中国大地的时期，"团结起来，振兴中华""向科学进军""奋起夺回敦煌学中心"是当时国人的共同心愿。

据段文杰自述，他1980年任敦煌文物研究所第一副所长后，"一个重要的问题总是在我头脑中萦绕，这就是如何推动敦煌学各领域的研究工作迈开大步向前发展。在"十年动乱"期间，中国大陆的石窟艺术和敦煌文书各科项目的研究完全停止。而中国香港、台湾的敦煌学者和日本、法国的学者在对敦煌文化的研究上，都取得了相当大的进展。……1979年秋，第一次敦煌学国际研讨会在法国巴黎举行，吸引了全世界敦煌学专家的目光。此外，俄、英、美等国也都有一定的敦煌学著述问世。……而中国大陆则是十多年的空白。无怪乎一位日本学者发出了'敦煌在中国，研究在外国'的断言。这种言论的流传，使我们这些身处中国专业研究机构的研究人员无不感到自尊心受挫。但是，扼腕叹息无济于事。我们只有抓紧时间，急起直追，多出成果，赶上国际学术界前进的步伐。"（《敦煌之梦》，江苏美术出版社2007年版，第55—56页）

在中国敦煌吐鲁番学会成立大会暨1983年全国敦煌学术讨论会上，段文杰在大会发言的最后说："全国各地的敦煌学研究者欢聚一堂，交流学术成果，这是我国敦煌学史上的一件大事，必将推动敦煌学研究在各个领域内更加深入地发展，扭转'敦煌在中国，研究在外国'的落后局面。我们坚信，我国有志于敦煌学研究的学者们,只要互助合作、团结奋斗,经过不太长的时间,一定会豪迈地向世界宣告:敦煌在中国,敦煌学研究的中心也在中国;我们中华各族儿女既是中华民族文化的创造者,也是中华民族文化的研究者和继承者。我们必将在建设社会主义精神文明、振兴中华的伟大事业中作出应有的贡献!"(《五十年来我国敦煌石窟艺术研究之概况》,见《中国敦煌吐鲁番学

段文杰《敦煌之梦》

会成立大会、1983 年全国敦煌学术讨论会会刊》,兰州,1983 年8 月)

他在《1983 年全国敦煌学术讨论会文集》的前言中说,当时"不知从什么地方吹来了一股冷风,说甚么敦煌虽然在中国,敦煌学研究却在外国。每一个稍有民族自尊心的人,对此,心情确实是不平静的,特别是长期在敦煌从事研究工作的人,更是憋着一股'劲儿'"。(《我国敦煌学史的里程碑——代前言》,载《1983 年全国敦煌学术讨论会文集·石窟艺术编上》,甘肃人民出版社 1985 年版)

正是在这种强烈的爱国主义感召下,"1981 年,敦煌文物研

究所在十年规划中提出了组织全国敦煌学术讨论会",其目的就是"要比较全面地展示我国敦煌学研究的新成就、新水平"。学术讨论会提交论文的编辑出版"不仅将进一步促进我国敦煌学研究的发展,开创我国敦煌学研究的新局面,而且会使敦煌学研究为我国社会主义精神文明建设有所贡献,同时也会促进国际文化交流和国际敦煌学的繁荣"。(同上)

1980 年编辑、1982 年出版的《敦煌研究文集》,也是"坚持敦煌工作十几年和数十年的研究人员,怀着对文物事业的责任心和扭转敦煌文物研究在国际上处于落后地位的革命热情,重整旗鼓,埋头苦干"所取得的初步成果。(段文杰《敦煌研究文集》前言,甘肃人民出版社)

在 1984 年 8 月敦煌研究院的成立大会上,段文杰讲话说:"我们要把'敦煌在中国,研究在外国'的言论看成特殊的鞭策,特殊的动力。我相信经过我们的努力,这种状况一定会改变,被动的局面一定会扭转。我们要以坚实有力的步伐,迈入国际敦煌学研究的先进行列。"(《敦煌之梦》,第 76 页)

第二,宽阔的胸怀和高尚的人格。

在敦煌研究院近七十年的风风雨雨中,肯定会产生一些这样那样的矛盾,尤其是经历过"反右""文革",有一些这样那样的恩恩怨怨也属正常。但如何处理、化解这些矛盾,则需要一定的领导艺术,尤其是要有一颗宽容善良的心。

据段文杰自述,1980 年"我担任第一副所长后,过去在历次运动中积极参与批斗我的一些人有些紧张,担心我搞报复"。而段文杰先生"不是一个纠缠个人恩怨的人",或者说将个人恩怨"抛在脑后"的人。他"认为有些人在运动中参与整人,是受极左思潮影响,是迫于某些人的压力,无可奈何的行为,很多人也不是出自本意，不应过多计较。不能把政治运动中的恩恩怨怨埋在心里，变成下一次人与人斗争的种子，决不能把这种错误的斗争延续下去，冤冤相报何时了？"（《敦煌之梦》，第55页）

敦煌研究院的关友惠先生说："实际上段先生与常先生在学术方面没有那么大的冲突，在50年代到70年代末，段先生没有担任什么职务，但所里的业务工作实际上是由段先生主持的，虽然经过多次冲击，段先生却一直认真地工作，他经常说的一句话就是'内心无私天地宽'。他从不背后议论人，虽然与常有些个人恩怨，他从不议论。这是难能可贵的。"（关友惠《敦煌壁画的临摹工作——纪念段文杰先生》，载《敦煌研究》2011年第3期）

"内心无私天地宽""从不背后议论人"，正是段文杰先生高尚人格的真实写照。人心自有公道，人心自有公理。也正是由于段先生高尚人格的感召和以身作则的榜样，才能"化解矛盾，促进团结，把大家的注意力集中到研究和保护工作上来"，并尽力发挥老中年研究人员的作用，开创了敦煌研究的新局面。（《敦

段文杰、樊锦诗与作者（2006年12月）

煌之梦》，第56页）

第三，高尚的情操和集体主义精神

段先生能得到省委的重用和"敦煌人"的尊敬，还与他无私奉献的精神密切相关。如1980年编辑、1982年出版的《敦煌研究文集》就是在段先生主持下编辑出版的，段先生也为《文集》撰写了前言。但本书署名是"敦煌文物研究所编"，而不是"段文杰主编"。随后的《1983年全国敦煌学术讨论会文集》及以后的《敦煌石窟研究国际讨论会文集》《敦煌学国际研讨会文集》《1994年敦煌学国际研讨会文集》等也都是如此。

如果我们看看敦煌研究院编辑的各类出版物，基本上没有个人署名的，就是《敦煌莫高窟内容总录》《敦煌莫高窟供养人题记》也都是集体署名。这非常值得我们今天的学人反思和学习。

另据贺世哲先生回忆，段文杰"把研究院的很多年轻人送到国外进修学习，从来没有考虑过自己。他的儿子也是搞艺术的，但是他从来就没有利用敦煌研究院与日本的这种关系，为他的儿子谋过利益。对比现在社会上流行的什么'官二代'、'富二代'之类，像段先生这样清廉的领导实在是很少的。这在我们院里也可以说产生了很深远的影响，现在院领导也都非常清廉"。（贺世哲《谈段文杰先生的学术贡献》，载《敦煌研究》2011年第3期）

榜样的力量是无穷的。正是由于段先生的以身作则和高尚情操，为敦煌研究院和学术界树立了典范。我曾在《"敦煌人"和敦煌石窟》（载《南京博物院集刊》第10辑，文物出版社2008年版）说，随着老一代"敦煌人"的离世退休，"不仅仅使我们失去了学术上的老师，更重要的是我们失去了精神上的导师，使我们在做人、做事方面缺少了楷模"。希望段先生的精神永存，为我们这个浮躁的社会保存一点点人生的纯真。

段文杰夫妇之墓

　　2004 年，敦煌研究院举行会议纪念常书鸿先生百年诞辰；2007 年，敦煌研究院举行了"段文杰先生从事敦煌文物和艺术保护研究 60 年纪念座谈会"。今天我们又在这里缅怀段文杰先生，这些事例充分说明敦煌研究院的现任领导不忘历史、尊重前辈的创业成就，本身就值得我们尊敬和赞赏。

　　段文杰选择了敦煌，敦煌成就了段文杰。在现代社会的转型过程中，我们既需要像段文杰这样在本专业领域取得突出成就的专家型知识分子，更需要像段文杰这样热切地关怀社会，承担社会责任，义无反顾地为敦煌事业无私奉献的领导者。现在我们的生活条件、科研工作条件比以前好了许多许多，但在浮躁的现代社会中，我们却变得更实际、更实在、更实惠、更功利了，常常被各种利益所诱惑。而缺少的则是事业心、责任心和敬业精神。实际上，历史是很公正的，在变幻不定的现实评判标准之外，人类的文明史当中始终有不变的确定的尺度：即我们真正需要的就是像段文杰这样的知识分子，即历史会记住常书鸿、段文杰、樊锦诗这样的知识分子，他们才是我们民族的脊梁。

从这个角度看来，段文杰是幸运的，他在 1982 年就被甘肃省人民政府授予"甘肃省先进工作者"称号；1991 年开始享受国务院政府特殊津贴；1993 年被甘肃省人民政府授予"甘肃省优秀专家"称号；1995 年荣获文化部、人事部授予的"全国文化系统先进工作者"称号；2000 年荣获由甘肃省人民政府、国家文物局共同颁授的"敦煌石窟保护研究特殊贡献奖"；2007 年荣获由甘肃省人民政府、国家文物局颁发的"敦煌文物和艺术保护研究终身成就奖"。

政府给予了段文杰以应有的回报。我们的民族，我们的国家，会为拥有段文杰这样的知识分子而感到骄傲、自豪和光荣！

谢谢大家！

附记：

2011 年 1 月 21 日，敦煌研究院名誉院长、著名敦煌学家段文杰先生在兰州逝世，享年 95 岁。同年 8 月 23 日，敦煌研究院在兰州举行段文杰先生追思会。这是本人应敦煌研究院之邀在追思会上的发言。

中国敦煌吐鲁番学会成立的点滴回忆

　　中国敦煌吐鲁番学会是中国最重要的敦煌学研究组织。1983年8月成立后，举办了多次全国（国际）学术讨论会，组织编辑出版《中国敦煌吐鲁番学会研究通讯》《敦煌学大辞典》《英藏敦煌文献（汉文佛经以外部分）》等等。对推动我国的敦煌吐鲁番学研究和国际交流打下了坚实的基础。

　　早在1978年，教育部就已深感敦煌学虽已发展成为一个重要的学科群，但人才培养、科学研究及学科发展都需要有所加强和促进。1981年10月，教育部派人到甘肃作了调查。1982年3月，在国务院召开古籍整理出版规划会议期间，教育部顾问周林同志邀请到会专家座谈了整理敦煌吐鲁番文献的情况及建立学会的设想。6月，教育部在南京又邀请了部分学者进行酝酿。许多专家学者一致表示了组织起来促进研究工作的愿望。与此同时，教育部还与中国社会科学院、国家文物局、中国艺术研究院、敦煌文物研究所、武汉大学等单位的有关同志进行了联系，并得到了他们的支持。在此基础上，教育部本着促进团结、促进联合、促进科学研究的宗旨进行学会的筹备工作。1982年7月2—3日，中国敦煌吐鲁番学会筹备会议在北京大学召开，由北京大学副校长季羡林教授主持。会议商定：参加筹备会议的北京大学、中国社会科学院历史研究所、国家文物局古文献研究室、文化部艺术研究院、敦煌文物研究所、中国佛教协会、中国人民大学、北京师范学院、武汉大学、兰州大学、西北师范学院为发起单位，由北京大学牵头。教育部、中国社会科学院、国家文物局为赞助单位。由发起单位向全国有关单位和研究工作者发出倡议，并由北京大学中国中古史研究中心、中国社会科学院历史研究所、国家文物局古文献研究室、中国人民大学历史系、北京师范学院历史系、西北师范学院历史系指定专人成立秘书组，负责成立大会的筹备工作，具体由兰州大学、敦

1983年学会成立大会会场

煌文物研究所、西北师范学院负责。1983 年 5 月 18—20 日，由季羡林教授主持，在北京大学召开了第二次筹备会议，决定中国敦煌吐鲁番学会成立大会和 1983 年全国敦煌学术讨论会于 1983 年 8 月 15—20 日在兰州举行，以便在 8 月 31 日日本召开的第 31 届亚洲、北非人文科学大会之前闭幕，有利于提升我国在国际上的学术声誉。

1983 年 8 月 15 日，中国敦煌吐鲁番学会成立大会及 1983 年全国敦煌学术讨论会在兰州召开，来自全国各地的近 200 名专家学者参加了会议。会议经过讨论，通过了中国敦煌吐鲁番学会章程，并聘请李一氓、周林、姜亮夫、王仲荦、金宝祥等 27 名著名专家学者和领导同志担任顾问。在民主协商的基础上，与会全体代表用投票的办法，于 8 月 18 日选举了学会理事。第一届理事会推选季羡林为会长，唐长孺、段文杰、沙比提、黄文焕、宁可为副会长，由宁可兼任秘书长，张广达、齐陈骏、穆舜英为副秘书长，金维诺、张锡厚、王永兴、沙知为常务理事。

笔者于 1983 年 7 月从西北师范学院（现西北师范大学）历史系毕业后，留在了学校刚成立的敦煌学研究所。当时正是中国敦煌吐鲁番学会成立大会和全国敦煌学术讨论会召开前夕，西北师院是学会成立大会的发起单位之一，"会务筹备工作委托兰州大学、敦煌文物研究所及西北师院具体负责"，因此学校派笔者全程参加了会务工作，有幸接触了当时参会的很多大师级学者。30 多年过去了，关于敦煌吐鲁番学会初创时期的很多事都变得模糊，笔者依据会议期间的《简报》和会后所编《会刊》及当年记忆，对有关问题作一回忆记述。

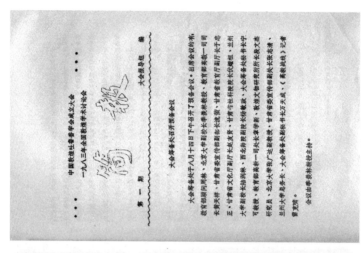

1983 年学会成立大会简报

1983 年学会成立大会会刊

一、从敦煌学会到敦煌吐鲁番学会

"中国敦煌吐鲁番学会"的成立过程有些曲折。开始计划成立的是敦煌学会，1982年4月15日教育部高教一司给教育部党组的报告《关于发展敦煌学的建议》第五项就是"发展我国敦煌学的设想""中央领导同志对敦煌学颇关心。1981年秋，邓小平副主席偕王任重同志视察了敦煌文物研究所；方毅副总理曾建议建立敦煌学院……在京的一批学者，还召开座谈会，建议成立学术组织，规划研究工作。我们认为，建立我国的敦煌学，时机已经成熟。现对促进敦煌学的研究提出以下建议：第一，成立敦煌学会或研究会……"

从最初的设想到教育部的规划，要成立的都是敦煌学会，而不是敦煌吐鲁番学会。但中间由于各方面的原因，最终到了1982年7月初在北京大学召开敦煌吐鲁番学会筹备会议时，改为要成立敦煌吐鲁番学会。筹备会后的7月19日，教育部给中宣部《关于成立敦煌吐鲁番学会的请求报告》〔（82）教高一字073号〕中，也改为敦煌吐鲁番学会，但附件还是之前拟定的《关于发展敦煌学的建议》。可见改变是比较匆忙的。

二、关于会议的时间

1. 1982年10月

1982年7月，在北京大学召开的中国敦煌吐鲁番学会筹备会议商定，成立大会初步定于当年十月上旬在兰州召开，参加人数包括新闻界在内约150人，会期一周左右，会后去敦煌考察。在教育部 1982 年 7 月 19 日给中宣部《关于成立敦煌吐鲁番学会的请示报告》中也有同样的表述:"十月初在兰州开成立大会……为开好会议,教育部拟分头与甘肃省委及新疆有关部门进一步联系,共同协调组织。"

2. 1983 年 9 月 10 日

据段文杰先生自述,1980 年秋季,敦煌文物研究所制定十年规划时根据国内外敦煌研究的形势和研究工作的发展情况,提出了 1983 年在敦煌文物研究所举行国内第一次敦煌学术讨论会的设想。1981 年 8 月 8 日,邓小平同志视察莫高窟后,段文杰先生认为国内第一次敦煌学术讨论会应当抓紧筹备。经过召开所务会议研究后,于当年 8 月 18 日写出一个关于在 1983 年召开"中国第一次全国性的敦煌学会"的报告,呈报甘肃省文化局,并抄报给国家文物局和甘肃省委宣传部。

敦煌文物研究所把《敦煌研究》创刊和举办学术讨论会的时间都定在 1983 年,是因为那年是敦煌文物研究所(前身为敦煌艺术研究所)实际建所 40 周年。1943 年 3 月,常书鸿先生带领研究所的工作人员到达莫高窟开展工作(后来把建所时间认定为 1944 年,为研究所正式得到批准成立的时间)。

1981 年 11 月 18 日,国家文物局给甘肃省文化局的批文已抄送到敦煌文物研究所。其批件原文是:

甘肃省文化局:

你局一九八一年九月八日甘文发(1981)第 139 号关于一九八三年召开"中国第一次敦煌学会"的请示报告收悉。经请示中宣部,原则同意你们召开这次会议,希望充分做好准备工作,将会议开好。经费由你省安排解决。

国家文物事业管理局

抄致：敦煌文物研究所

接到国家文物局同意召开会议的批示后，敦煌文物研究所即设立了学术会议筹备组，进行了一系列的准备工作，并向80多位专家学者发去了请他们撰写论文参加学术会议的邀请函，受邀专家学者很快陆续回信。"一些知名学者如季羡林、常任侠、姜亮夫、任继愈、任二北、李浴等老一辈学者均欣然同意撰写论文，参加会议……召开首次全国敦煌学术会议的消息在国内学术界引起了强烈的反响，不少人通过写信、寄论文、找专家推荐等各种方式表示对会议的支持，并要求扩大范围，增加名额。我们根据这些情况，征得上级同意，把出席会议的专业人员名额陆续增加到120人。加上我所撰写论文参加会议的专家20余名，共计为140余人。"（《敦煌之梦》，第67页）

就在敦煌文物研究所筹备"国内第一次敦煌学术讨论会"的过程中，大约在1982年春，北京教育界的一批专家提出成立"中国敦煌吐鲁番学会"的倡议。据段文杰先生自述："因为有这样一个机构可以把全国各地的研究力量联络起来，有利于敦煌、吐鲁番学术研究的发展。1982年7月召开了一次筹备会议，我当时正巧在国外考察访问，未能与会。1983年5月召开的第二次筹备会议我参加了。会议决定了几件事情。根据文化部和甘肃省委有关领导同志的建议，一致同意将敦煌文物研究所原定于9月10日召开的全国第一次敦煌学术讨论会与中国敦煌·吐鲁番学会成立大会合并举行……会议时间，决定在8月15日到8月20日之间在兰州举行……商定会议名称为：中国敦煌·吐鲁番学会成立大会、1983年全国敦煌学术讨论会。"会议同时决定，敦煌学术讨论会已经邀请的学者名额不变，原定的开会时间及地点，按新的要求变更，由敦煌文物研究所通知。

3. 1983 年 8 月 15 日

原定的 1983 年 9 月 10 日召开敦煌学术讨论会与敦煌吐鲁番学会成立大会合并举行,但将时间提前的原因主要是,第 31 届亚洲、北非人文科学大会已决定于 1983 年 8 月 31 日在日本东京、京都召开,会议第一次邀请了中国的敦煌吐鲁番文书研究领域资深学者——唐长孺和朱雷教授参会,因此,筹备会决定将会期提前,以便在 8 月 31 日亚洲、北非人文科学大会之前闭幕,有利于提升我国在国际上的学术声誉。

最终会议于 1983 年 8 月 15 日在兰州宁卧庄宾馆开幕,17 日聘请了李一氓、周林、吴坚、姜亮夫等 27 位著名专家学者和领导同志担任顾问,选举了季羡林、段文杰、唐长孺、张锡厚、金维诺等 60 名同志组成的理事会,理事会推选季羡林先生为会长,唐长孺先生为第一副会长。22 日下午会议闭幕,由唐长孺先生代表学会常委会致闭幕词。随后唐先生就与朱先生一起赴日参加第 31 届亚洲、北非人文科学大会,在京都会议期间,唐先生宣读了《唐西州诸乡户口帐试释》的论文,朱雷先生宣读了《试论麴氏高昌时期的"作人"》的论文。

三、会议的名称

本次会议的正式名称是"中国敦煌吐鲁番学会成立大会、1983 年全国敦煌学术讨论会"。这个名称是 1983 年 5 月第二次筹备会议上决定将学会成立大会和敦煌文物研究所筹办的学术讨论会合并举行时定下来的。从会议名称看,并没有使用"中国敦煌吐鲁番学会成立大会暨1983年全国敦煌学术讨论会"，而是分两行分列了两个会议名称，"中国敦煌吐鲁番学会成立大会、1983年全国敦煌学术讨论会"。在兰州大会主席台上方所挂的会标、会议期间所发的简报也是并列的两行。

会议期间，敦煌文物研究所负责学术讨论会，其他会务基本上没有参与。会议设办公室、会务处（秘书组、场务组、报道组）、学术活动处、文宣处、总务处（食宿组、医务组、供应组、财务组、工展组）、接待处（交通组、迎送接待组、购票组）等六个部门，工作人员约90人。其中学术活动处由敦煌文物研究所单独负责（处长李永宁，成员马德、林家平、宁强、罗华庆、祁铎）。会议期间研究所给代表发的书刊、笔记本、圆珠笔上，均刻印着"一九八三年全国敦煌学术讨论会纪念"；会后出版的学术讨论会文集也是《1983年全国敦煌学术讨论会文集》，其前言中并没有出现"中国敦煌吐鲁番学会成立大会"的有关字词句。

除了会议的名称、时间等外，会议期间及会后22位专家学者给中央领导同志的信，也是非常重要的。目前有些出版物记述22位学者给中央领导的信时，时间上有些出入，这主要是对此信写作的过程不大清楚所致。实际上，22位学者给中央领导的信有两个版本，第一个版本是会议期间在兰州起草签名的，第二个版本是同年10月初，在北京对8月份的信加以修改后送中央领导批示的。关于给中央领导同志的信，以后专文记述，此不赘述。

（原载《中国文化遗产》2015年第3期）

"华戎都会"与"西域咽喉"

——敦煌在中国历史上的重要地位

敦煌位于河西走廊最西端，20世纪初，不论从地理范围还是州县等级来看，它都只能算是一个偏远的小县。现在，敦煌也不过是甘肃省酒泉市下辖的县级市。然而，由于在这里发现了大量古代文书和文物，其知名度远远超过许多大市。敦煌的地理位置和历史文化，使其在中国历史上占有非常重要的地位。

一、敦煌是多民族的聚居地

敦煌这一名称为汉武帝建郡时命名，原本应该是一个少数民族语词。在史籍中，敦煌与祁连是同时出现的。《史记·大宛列传》《汉书·张骞传》《汉书·西域传》系以张骞的报告为据著述而成，其中均有月氏人"居敦煌、祁连间"的记载。关于"祁连"一词的含义，唐朝初年，颜师古注《汉书》时即已明确指出："祁连即天山也，匈奴呼天为祁连。"既然祁连是少数民族语词，那么，与之相提并论的敦煌也应该是少数民族语词。

自古以来，敦煌就是很多民族的聚居地。汉武帝建郡前，生活在敦煌的民族主要是月氏、塞种胡和乌孙。后来，塞种西迁。西汉初年，匈奴又赶走了月氏和乌孙，从而成为敦煌的主体居民。汉武帝建郡后，从中原地区迁徙大批人口移居敦煌。这不仅改变了敦煌的民族布局，使汉人成为当地的主体民族，而且还使这里的人口数量有了显著增加。据史籍记载，汉平帝元始年间（公元1—5年），敦煌已有11200户，合计38335人。此后，敦煌基本上一直保持着三四万居民的规模。可以说，从汉武帝建郡开始，敦煌就已经确立了它在中国历史上的重要地位。

西汉末年，中原陷入纷乱之中，河西却平安富庶。因此，中原很多大族避居河西。魏晋南北朝时期，内地战乱不已，而河西地区秩序安定、经济丰饶，因此，"中州避难来者日月相继"。可见，政治安定是各民族向往的首要条件。同时，敦煌的文化教育也有了很大发展，儒家文化逐渐成为当地的主流文化。

魏晋南北朝时期，以少数民族为主的五凉政权对敦煌的发展作出了巨大贡献，尤其是李暠在敦煌建立了西凉政权，于阗、鄯善等西域王国也遣使朝贡。从20世纪初在敦煌汉长城烽燧发现的粟特文信札可知，早在4世纪初，敦煌就有了以粟特商人为主体的聚落。迄至唐代，以昭武九姓为主的粟特人以敦煌为据点，从事商业活动，堪称"商业民族"的代表。当其聚落消失后，留存下来的粟特人就成了著籍的敦煌百姓，当地政府专门建立了从化乡，对他们进行安置。

安史之乱后，吐蕃曾占据敦煌数十年，然后是归义军政权长达180多年的统治。此后，回鹘、西夏、蒙古、藏族余部、吐鲁番和哈密的蒙古族，都曾经是敦煌的主人，或长或短地占领过这一地区。此外，一些人口数量较少的民族或部族，也曾活跃在敦煌及其周边。可以毫不夸张地说，虽然敦煌曾在短期内成为各民族争战的场所，但是长期来看，主要还是各民族友好交往的舞台、经济文化交流的桥梁和纽带。

二、敦煌是丝绸之路的咽喉

敦煌是汉初张骞出使西域后带来的名称。在此前后，汉武帝还派遣霍去病，率兵攻打河西的匈奴。击败匈奴后，汉王朝"据二关，列四郡"，设置了包括敦煌郡在内的河西四郡，并在敦煌郡城的西面修建了玉门关和阳关，作为扼守西域进入河西、中原的门户。

敦煌南枕祁连、西控西域，是汉王朝西边的重镇，也是中西交通、贸易南北两道的分合点，故而成为东西方文明交汇的枢纽。它既是东来僧侣、使节、商人步入中原的最初落脚点，也是西去僧侣、使节和商人告别故国的地方。当时，凡是罢都护、废屯田之时，汉政府派人迎接吏士，"出敦煌，迎入塞"，就算完成了使命。对当时的旅行者来说，"西出阳关"意味着凄凉的离别，"生还玉门"象征着幸福的重聚。例如，班超在西域长达31年，晚年上书说"臣不敢望到酒泉郡，但愿生入玉门关"，就是历史的真实写照。唐初，敦煌以西和以北地区都是突厥汗国的势力范围，以南则由吐谷浑占领。因此，武德末年、贞观初年，唐朝关闭了通往西域的关津。贞观初年玄奘西行时，就是从瓜州、敦煌间偷渡出境的。当贞观末年玄奘返回之时，唐太宗便"令敦煌官司于流沙迎接"。

敦煌是伴随着丝绸之路的兴盛而走向辉煌的。不论丝绸之路有几条道路，其走向如何变化，敦煌都是唯一不变的吐纳口，即史籍所称"咽喉之地"。通往西方的丝绸之路，"发自敦煌"，然后经伊吾、高昌、鄯善而达中亚、欧洲。

然而，唐中叶以后，中国的经济重心和政治重心逐渐南移，海上交通日益发达。因此，丝绸之路逐渐衰落，敦煌也随之失去了往日的辉煌。明代划嘉峪关为界后，敦煌便被弃置关外，变为荒凉之地。当嘉峪关通往哈密的道路成为中原与中亚往来的干道之后，敦煌遂彻底失去了在丝绸之路上的重要地位。

三、敦煌是中原经营西域的据点

早在建郡前，敦煌就已是中原王朝经营西域的基地。例如，汉武帝太初元年（前104），李广利第二次西征大宛（今费尔干纳盆地）之时，敦煌就安排了六万士兵、数十万牛马等奔赴前线。

如果将中原王朝经营西域看作一幕幕话剧，那么，敦煌就是中原政府导演话剧的重要舞台。东汉时，由于北匈奴控制了西域，护西域副校尉转而长驻敦煌，代替西域都护主管西域事务。因此，敦煌就成为汉朝统治西域的军政中心。

五凉时期，敦煌的文化艺术异常发达，创建了佛教胜地莫高窟，而且敦煌还是各政权控制西域的重镇。前凉政权太元二十二年（345），张骏将敦煌、晋昌、高昌三郡，与西域都护、戊己校尉、玉门大护军三营合并，治所就设在敦煌。隋炀帝击灭吐谷浑势力后，也以敦煌为前哨阵地，进军西域，占领了伊吾（哈密），并修筑伊吾城。唐王朝在消灭东突厥后，转而进军西域。贞观十四年（640），在唐朝平定高昌的战役中，敦煌又成为中原王朝进军西域的物资和兵员供应基地。

唐朝随后经营西域的各项活动，例如，攻焉耆、破龟兹、扼制西突厥等，也以敦煌作为进军西域的物资供应基地，而且沙州刺史亲自率兵参加战斗。此后，在唐朝与西突厥、吐蕃余部争夺西域的过程中，沙州都是协助安西都护府（驻龟兹）控制西域的重要力量。为了加强西域的镇防力量，上元二年至三年（675—676），唐朝将丝路南道上的典合城、且末城，分别改称石城镇、播仙镇，划归沙州直接管辖。

此后，由于唐、吐蕃、大食在西域的争斗，唐朝势力逐渐收缩，吐蕃势力入侵，归义军处于半割据状态。随着宋、辽、西夏等政权依次更迭，当时的中原王朝不得不暂时放弃了对西域的经营，敦煌也就失去了其原有的基地作用。然而，敦煌灿烂辉煌的文化遗产却流传至今，成为中国古代优秀传统文化的重要组成部分。

总之，敦煌在中国历史上，尤其是汉唐时期，长期充当了对外交往的重要窗口，占有非常重要的地位。

（原载《中国社会科学报》2014 年 2 月 28 日）

附记：

"敦煌"在《史记》《汉书》中被写为"燉煌""燉煌"。关于"燉煌"名称的含义，东汉应劭解释说："燉，大也；煌，盛也。"故有的学者认为"敦煌"并非少数民族语，有火字旁的"燉"是正体字，"燉"是异体字，无火字旁的"敦"是俗体字。（参阅谭世宝《燉（燉、敦）煌考释》，《文史》第 37 辑，中华书局 1993 年；《燉煌的词源再探讨》，《敦煌研究》2014 年第 1 期）

敦煌学的国际化

近年来，随着"国学"的复兴和各地的文化建设，地域文化受到了关注和重视，出现了许多有地域特色、带引号的"某某学"。相对于"徽学""西夏学""吐鲁番学"等，虽然"敦煌学"提出较早，在国际上的知名度最高，发展也最为迅速，甚至成了其他学科建设、发展的典范或榜样，但不可否认，敦煌学中的许多问题还没有搞清楚，在发展过程中也还有一些问题需要重视。

一、作为一门学科的"敦煌学"

一说到"敦煌学"，大家自然就想到了陈寅恪先生，因为一般都认为是陈寅恪先生于1930年第一次提出了"敦煌学"一词。经王冀青教授研究，第一次提出"敦煌学"一词的是日本学者石滨纯太郎。1925年8月，石滨纯太郎在大阪以"关于敦煌石室遗书"为题作了4次演讲，并多次提到了"敦煌学"一词，如：伯希和"主讲敦煌学"；"英国的敦煌学"；"中国、日本的敦煌学"；"敦煌学的启蒙内容"；"敦煌学多趣多样"；"世界上出现了敦煌学"；"广

义敦煌学的定义";等等。(王冀青《论"敦煌学"一词的词源》,载《敦煌学辑刊》2000年第2期)

陈寅恪先生的《陈垣敦煌劫余录序》是敦煌学史上的一篇重要文献,它最初刊载于1930年《历史语言研究所集刊》第一本第二分。在这篇序文中,陈寅恪说:"敦煌学者,今日世界学术之新潮流也。"该目录乃"诚治敦煌学者,不可缺之工具也"。

陈寅恪虽然学贯中西,但并没有机会和条件看到石滨纯太郎有关"敦煌学"的讲演稿。因此,他是我国第一个提出"敦煌学"的学者。

不论是石滨纯太郎,还是陈寅恪,当时提出"敦煌学"一词,都是放在西方"汉学"的框架中,以当时西方"汉学"的主流"比较语言学"为参照的,与西方殖民主义所谓的"埃及学""亚述学"相似。因此,周一良先生认为"'敦煌学'带引号来用,未始不可""用固有名词构成的某某学又给人不太愉快的联想,所以最好就让它永远留在引号之中吧"。(周一良《何谓"敦煌学"》,载《文史知识》1985年第10期)

石滨纯太郎、陈寅恪所说的"敦煌学",并不是一门学科,仅仅是指研究敦煌发现的文献。抗战后随着大西北的开发,敦煌石窟考古的发展,壁画的临摹、展览,敦煌艺术也成了"敦煌学"的研究内容。

现在,敦煌学虽然还不是一门如"历史学""哲学"那样有系统、成体系的学科,但也有自己的内容、方法和理论,即敦煌学是以敦煌文献、敦煌艺术、敦煌学理论和敦煌史地为主要研究对象的学科。如果从广义的敦煌学来说,还包括西北地区尤其是甘肃、新疆境内的石窟寺,出土的简牍、纸本文献,甚至黑水城文献等。

二、国际学术潮流中的显学

敦煌是中国的，又是全人类的，世界只有一个敦煌。敦煌在中国，但敦煌学在世界，是国际学术潮流中的一门显学。这主要体现在以下几个方面：

第一，敦煌本身的国际性。敦煌石窟是佛教艺术的结晶，它的存在本身就是中外文化交流的结果，因为佛教从印度发祥后不断东传，在传播的过程中开凿了许许多多的石窟寺，莫高窟就是其中之一。

除了佛教这一世界主题外，敦煌的艺术也是世界的，如敦煌壁画上发现的玻璃器皿，表现出了萨珊伊斯兰的艺术风格，由此可以探讨西亚地区玻璃器皿的制造工艺。

敦煌文书虽然以汉文文书为主，但也有梵文、回鹘文、于阗文、龟兹文、突厥文、粟特文、西夏文、叙利亚文、八思巴文等文字书写的资料。这些资料自然属于世界性的，也就引起了各国学者的关注，如近年来国内外学者对粟特的重视与研究就是一例。

第二，文献收藏的国际性。敦煌文献从发现之始，就遭到了各国探险家的欺骗掠夺，绝大部分被劫往世界各地，目前被收藏在中国、英国、法国、俄罗斯、日本、德国、美国、韩国、印度、瑞典、澳大利亚、丹麦等十几个国家的几十个博物馆、图书馆中。其中以位于北京的中国国家图书馆（16000余卷）、伦敦的英国国家图书馆（13300余卷）、巴黎的法国国家图书馆（约7000卷）和圣彼得堡的俄罗斯科学院东方文献研究所（18000余卷）收藏最多，因此，北京、伦敦、巴黎和圣彼得堡，就被称为敦煌文献的四大收藏中心。

正是由于敦煌文献分散收藏在世界各地，各国博物馆、图书馆的工作人员就要对其进行登记、整理、研究，从而在世界许多国家，就都有了敦煌学的研究。

第三，国际合作的典范。由于敦煌文献所涉及的范围广泛，文字又多，而且许多还是死文字，因此，许多方面都需要各国学者通力协作、联合攻关，如已经出版的《英藏敦煌文献》《俄藏敦煌文献》《法藏敦煌西域文献》等，就是国际合作的典范。可以说，还没有哪一门学科，像敦煌学一样迫切需要国际合作，也没有哪一门学科像敦煌学一样有着如此广泛、密切的国际合作。

三、推动敦煌学走出象牙塔

敦煌学研究，已经取得了巨大的成就。但不可讳言，仍存在一些问题，还有一些薄弱环节需要加强。

第一，尽快编出《中国敦煌遗书联合目录》。由于敦煌遗书收藏于世界许多国家和地区的图书馆、博物馆及高等院校，因此目前还很难比较详细、确切地说明具体收藏单位和数量。虽然英国、法国、俄罗斯和我国绝大多数单位已公布了有关收藏情况，但还有一些国家、单位和个人却秘而不宣。目前的迫切课题，应是呼吁各收藏国家、单位及个人尽快公布收藏情况，然后协调各方面的关系，联合攻关，编出《中国敦煌遗书联合目录》，摸清家底。

第二，加强信息联络工作。信息是一切学术工作所不可缺少的，对于新兴的敦煌学来说更是如此。现在虽然由于网络发达、学术交流频繁，学者们获取信息的渠道也更为广泛，目前有国际敦煌项目 (IDP)、敦煌学国际联络委员会、中国敦煌吐鲁番学会等组织，也有《敦煌学国际联络委员会通讯》《敦煌吐鲁番研究》《唐研究》

《敦煌研究》《敦煌学辑刊》《敦煌学》等书刊，可以从中获取许多信息，但还应着力加强国际和地区间的学术联系和交流，以免花费不必要的重复劳动或人云亦云，以讹传讹。

第三，加强宣传、普及工作。敦煌学是一门国际显学，但有一点却与其"显学"的地位不相适应，即专门研究者以外的文学、史学、艺术工作者和文科研究生、大学生等，都对敦煌学比较陌生，更不要说一般群众了。目前应加强敦煌学的宣传、普及工作，编著通俗性的普及读物，报纸杂志开辟专栏，使敦煌学走出象牙塔，让民众了解敦煌和敦煌学。

第四，加强敦煌学评论工作。学术研究总是不断继往开来、向前发展的。在学术研究的发展过程中，由于学者们难免遇到各种各样的主客观条件，如治学经验、写作态度、学术基础、资料占有等方面的局限，因而也就难免在各自的研究论著中若隐若现、或多或少地反映出来。因此，就需要加强真正的敦煌学评论工作。这种评论不应是同仁、师生之间的吹捧，也不应是不同学术观点和派别之间各守门户。而应当是建立在求实、求真、信任、理解的基础上，以客观公正的态度，高屋建瓴的眼光对研究工作进行褒善扬长、纠偏指弊、相互借鉴、取长补短，以指导和推动敦煌学研究的健康发展，并进而使敦煌学研究走向更加理论化和成熟化。

（原载《中国社会科学报》2014 年 3 月 5 日，发表时略有删节）

"敦煌在中国，敦煌学在日本"的学术公案辨析

　　《历史研究》2005年第4期所载荣新江先生的《中国敦煌学研究与国际视野》(以下简称《视野》)一文，从"可恨可喜"与"以德报怨"、《劫余录》与"伤心史"、伦敦留难与巴黎协作、"敦煌在中国，敦煌学在世界"四个方面，就贯穿中国敦煌学学术史的"国际视野"和"爱国主义"问题做了高屋建瓴的阐述。

　　正如荣新江先生在《视野》一文中所说："迄今为止，我们还没有拥有一部真正意义上的敦煌学史，没有'辨章学术，考镜源流'的敦煌学史，更没有'评判高下，辨别优劣'的敦煌学学术史。"笔者非常赞同荣新江教授的论述，同时作为对荣教授大作的响应，也为了能对编写敦煌学学术史贡献一点绵薄之力，现对所谓藤枝晃"敦煌在中国，敦煌学在日本"之说提供一点补充。

　　关于"敦煌在中国，敦煌学在日本"之说，荣先生在《视野》中说："正好就在大陆敦煌学刚刚重新起步的1981年，日本京都大学的藤枝晃教授应天津南开大学之邀，来南开举办敦煌学讲习班，并油印发行了《敦煌学导论》……然而就从这个时候开始，中国的敦煌学界流传着一种说法，说藤枝晃在南开讲演时说：'敦煌在中

国，敦煌学在日本（一说在京都）。'这话一经传开，就使得许多充满爱国主义热情的中国学者十分不满。笔者曾经向几位当时听课的中国学者询问这话的来历，他们都说这话其实是请藤枝晃来讲演的南开某位先生说的，意在请大家重视这位一般学子还比较陌生的敦煌学家。在今天看来，这话无疑是个误传。"

藤枝晃教授来南开大学讲演是1981年4—5月，讲演结束后，南开大学历史系于1981年6月将藤枝晃的讲演稿整理为《敦煌学导论》油印，在油印稿的前言中说："本稿为国际著名的敦煌学专家，日本京都大学人文科学研究所藤枝晃教授今年四月八日至五月二十三日在我系为本科学生讲课的记录稿。现应本系师生和前来听课的兄弟院校同志们的要求，整理印刷（"刷"字原缺，据文意增补）供参考。……武汉大学朱雷同志和中山大学张荣芳同志在听课过程中也参与了本稿的部分整理工作，在此特表谢意。"

藤枝晃教授于1981年初能来南开讲演，除了中国的改革开放这一大的形势外，与当时南开大学历史研究所所长、《历史教学》总编辑、著名日本史专家吴廷璆教授有着非常密切的关系。1932—1936年吴廷璆教授在日本京都帝国大学（现京都大学）留学时，藤枝晃也恰好是京都大学史学科的学生，他们两人是同学。

正如荣新江先生所说，据几位当时听课的中国学者说，"这话其实是请藤枝晃来讲演的南开某位先生说的，意在请大家重视这位一般学子还比较陌生的敦煌学家"。这里的"南开某位先生"实际就是指吴廷璆教授。当时的敦煌学研究，虽然在国内已经起步，但对一般学人来说还是比较陌生的。正是为了让大家重视这门还比较陌生的学问、重视国内一般学人还比较陌生的藤枝晃教授，吴廷璆教授在藤枝晃刚来南开或来到南开前夕，就呼吁学界重视敦煌学和藤枝晃。在《外国史知识》1981年第4期上，有一篇"本

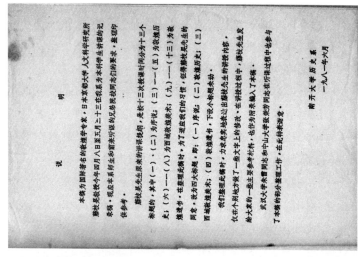

藤枝晃《敦煌学导论》说明

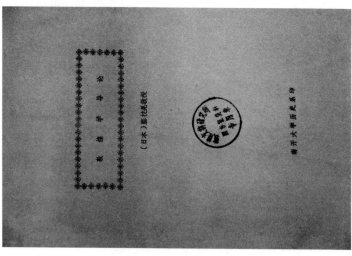

藤枝晃《敦煌学导论》封面

刊专访"，题目就是"诲人不倦的吴廷璆教授"。在这篇专访的后面有一段话，很值得引起注意：

> 吴先生还讲了日本史学界近来发生的一件事情：日本有一部很有名的《三经义疏》，历来公认为是公元六、七世纪间日本圣德太子所写。有一位名叫藤枝晃的京都大学老教授在研究我国敦煌写经钞本中发现这三部佛经中的《胜鬘经》义疏原来是魏晋时代中国人所写，因此证明《三经义疏》根本不是圣德太子的著作。藤枝晃教授这种实事求是的学风引起了日本学术界的震动。说到这里，吴先生深有感触地说，我们的年轻人一定要有志气参与改变"敦煌在中国，敦煌学在外国"的不正常状态，要有志气改变史学研究的落后状况。

《外国史知识》当时是月刊，1981年第4期出版于4月14日，而藤枝晃教授是4月8日开始在南开演讲的，前后只有一周时间，中间只隔5天。在当时的排版、印刷条件下，如果吴廷璆教授是4月8日所讲，要在4月14日出版的杂志上刊载，中间还有记者的采访、杂志社要预留版面等，应该是比较困难的。更可能的应该是在藤枝晃教授来南开前夕吴廷璆教授讲了此话，讲的是"敦煌在中国，敦煌学在外国"，而不是"敦煌在中国，敦煌学在日本。"

由于吴廷璆教授已有了"敦煌在中国，敦煌学在外国"之说、之想，因此，当4月8日藤枝晃在南开演讲，吴廷璆教授主持并介绍藤枝晃教授时讲了此话。为了突出日本和藤枝晃，就改为"敦煌在中国，敦煌学在日本"了。

由于藤枝晃1981年来中国时，他还没有去过敦煌，因此这次的中国之行，还有去敦煌参观的愿望。当时，不论是天津，还是北京、上海，都没有直达敦煌的航班。去敦煌必须要在兰州中转。这就有了藤枝晃在兰州的演讲。

　　藤枝晃路过兰州时，在西北师范学院（现西北师范大学）进行了学术演讲。这次演讲的主持人是著名隋唐史研究专家、时任甘肃省历史学会会长、西北师范学院历史系主任的金宝祥教授，其介绍者就是吴廷璆教授。因为吴廷璆教授和金宝祥教授在20世纪40年代前期曾是四川大学的同事，两人有着密切的交往，1986年秋，当两位老人都70多岁时，吴廷璆教授还专程到了兰州，住在金宝祥先生家中共叙友情。正因为有此友情与联系，当藤枝晃在南开讲演结束去敦煌时，吴廷璆教授就写信希望金宝祥教授给予接待。

　　当时的兰州还比较封闭，外国学者很少能来兰州，再加上藤枝晃是国际著名的敦煌学专家，甘肃又是敦煌学的故乡，金宝祥教授也是当时甘肃少有的几位敦煌学研究者之一。（1982年4月15日，教育部高教一司在给教育部党组的报告《关于发展敦煌学的建议》中说：估计国内现在对敦煌学有研究的学者，老中青合计100多人，其中副教授、副研究员以上

藤枝晃在敦煌参观（1981年6月）

约四五十人。文中举例说到"厦门大学的韩国磐教授,山东大学的王仲荦教授,西北师院的金宝祥教授,北京师院的宁可教授,天水师专的张鸿勋副教授等,都对敦煌学有所研究"。见《中国敦煌吐鲁番学会成立大会、一九八三年全国敦煌学术讨论会会刊》,第186页。)这种种因素的组合,就有了藤枝晃在西北师范学院的演讲并引起的轰动。

藤枝晃在西北师范学院演讲的时间是1981年5月26日下午,演讲的题目是"现代敦煌学",主办方对藤枝晃的介绍是"日本京都大学教授、国际著名敦煌学专家、中西交通史专家藤枝晃博士"。当时在兰州的高校、文化出版、机关、文博单位的上千人听了演讲,整个西北师范学院礼堂全部坐满,甚至走廊中还站了人,包括笔者在内的西北师范学院历史系的许多学生也听了演讲。

当时敦煌学已经开始复苏,兰州大学于1979年建立了敦煌学研究小组,同时邀请敦煌文物研究所的段文杰先生和甘肃省图书馆的周丕显先生为历史系进修班开设了"敦煌学"课程,并于1980年2月出版了《兰州大学学报》的"敦煌学"专刊(即《敦煌学辑刊》的第一期)。另外,敦煌文物研究所正在编辑《敦煌研究文集》,筹办《敦煌研究》;西北师范学院、西北民族学院、甘肃社会科学院等单位,也有学者关注敦煌学。

正是1981年5月26日在西北师范学院的演讲中,藤枝晃说到:"有学者说,敦煌在中国,敦煌学在日本。"同时还讲到"高昌的文化有独特的特色"等。

在1981年那个极具爱国主义的时代,藤枝晃的演讲,尤其是"敦煌在中国,敦煌学在日本"和"高昌文化的独特性"之说,立即引起了大家的争论,许多听讲者还纷纷向中央有关部门和新闻媒体写信反映。当晚我们宿舍中的同学也曾激烈争论,有的同学甚至说："藤枝晃是帝国主义者，怎能说高昌文化具有独特性？这不是想将高昌从中国割裂出去吗？"

"敦煌在中国，敦煌学在日本"，这样一句学术评判为何会引起巨大的反响呢？这既与当时极具爱国主义的时代因素，即"团结起来，振兴中华"、女排的"五连冠"引起国人的振奋等有关，也是民族主义的一种表现。尽管"敦煌在中国，敦煌学在日本"是当时情况的真实写照，但从国人的心态来说：此话我们可以说，但外人不能说。我们自己说，是我们的谦虚，我们有自知之明；外人说了就是对我们的小瞧，乃至对我们的污蔑。就像谁的小孩有了错误，家长批评、责备，甚至打骂，都是天经地义的，但别人稍稍说一下，家长也是不乐意，甚至反感、气愤的。正如中国社会科学院历史研究所原敦煌研究组组长宋家钰研究员说："日本一位学者的'敦煌在中国，敦煌学在日本'之说一出，国内一些学者深感有伤我们的自尊。"（宋家钰《"敦煌学中心说"引起的反思》，载《光明日报》2000年9月21日）可以说就是这一国民心态的写照。

"敦煌在中国，敦煌学在日本"之说在中国引起较大的反响后，听说藤枝晃曾有过辩解：原话不是他说的，他只是说有学者说"敦煌在中国，敦煌学在日本"。而翻译没有将此话完全翻译说明，因此造成了误会。

"敦煌在中国，敦煌学在日本"之说的误会，在整个八九十年代影响到了中日两国的学术交流。据有的学者说，日本有些学者也指责藤枝晃，说他此说搞坏了中日学术关系，影响了中日两国敦煌学的交流与合作。1987年9月，敦煌研究院主办的"敦煌石窟研究国际讨论会"在敦煌召开时，藤枝晃应邀参会，再次来到了敦煌。在来中国参会前，他还从日本专门给金宝祥先生写信，希望去敦煌前，在兰州西北师范学院见面座谈。藤枝晃到兰州后，在西北师范学院专家楼小会议室与西北师范学院历史系、敦煌学研究所的老师如金宝祥教授、陈守忠教授和笔者等七八人座谈约两小时。从会议室出来后，我与藤枝晃先生走在一起，他对我说："上次在你们这里搞得很不愉快。"藤枝晃先生此话，显然是指 1981 年 5 月在西北师范学院的演讲，因为此前他只来过西北师范学院一次。

"敦煌在中国，敦煌学在日本"之说一经流传，在当时那个极具爱国主义和民族主义的时代，从上到下，从官方到民间，从政界到学者，都感到的是气愤、震惊，而没有人去探究它的真实性和客观性。但不可否认，它"在客观上无疑对中国敦煌学的发展起到了极大的推动作用"（《视野》，第 174 页）。因为在爱国主义的感召下，加强敦煌学研究，就成了爱国主义的象征，也是弘扬我民族精神的动力。此后，从官方到学界，都更加重视敦煌学的研究及有关研究组织的建设。1983 年 8 月，中国敦煌吐鲁番学会的成立，虽然是国内外形势发展的需要，但确实与"敦煌在中国，敦煌学在日本"之说有着千丝万缕的联系。可以说，此说促使了我们更快地加强学科建设和学术研究。

（原载《历史研究》2007 年第 3 期）

附记：

周一良先生在《敦煌写经与日本圣德太子——纪念藤枝晃先生》（2000 年 8 月 3 日，阎步克整理打印，载《读书》2000 年第 11 期；又收入周一良《书生本色》，北京大学出版社 2009 年版）一文中也涉及了藤枝晃的敦煌学研究。现将有关内容摘引如下：

藤枝晃先生是日本著名敦煌学家，他的大作《归义军始末》

早已脍炙人口，是研究归义军历史的人所必读。此外他还有一本《汉字的文化史》，围绕着汉字从各个文化现象进行讨论，也是很有特色的好书。据说就是这位先生曾经扬言："敦煌在中国，敦煌研究在日本。"这句话引起了世人的广泛诟病，但后来他自己也收回了这个说法，转而拥护中国敦煌吐鲁番学会会长季羡林先生所提出的"敦煌在中国，敦煌研究在世界"。

……

我这里要纪念的……是藤枝先生为了捍卫学术尊严，与强大的政治势力、文化成见做斗争的精神。

圣德太子（574—622）是日本历史上的著名人物，日本史上一些进步的典章文物、文化思想等都追溯到圣德太子那里。……（《圣德太子集》）中包括《三经义疏》等等。藤枝先生在敦煌写本里发现了《法华经》《胜鬘经》等等的注释，其中《胜鬘经》的经文和注释比较短小，所以就请人把敦煌写本与圣德太子的注疏加以对比。……对照以后发现，所谓圣德太子注的百分之八十跟敦煌写本相同。藤枝先生的结论是，圣德太子的注疏是根据敦煌写本所抄的注写出来的。

……

过去根据什么把它断定为圣德太子所写的呢？根据是《胜鬘经义疏》卷一所贴标题："此是大倭国上宫王私集，非海彼本。"注明"非海彼本"就是说不是从中国来的。《法华经义疏》也有同样的几个字。然而藤枝先生说，仔细观察《义疏》所用的纸厚零点零一毫米，是隋朝的纸；而贴上去的用作标题的却是很厚的，是奈良时期的麻纸。"法华义疏……"等字的笔体也是奈良时期的。在天平十九年（747）以前的记载中，只是说《法华经》《胜鬘经》《维摩经》等《三经义疏》七卷，而没有说是圣德太子的著述；到了天平十九年的《法隆寺资财帐》里，才开始说是"上宫王作"，即圣德太子的著作。明治年间，法隆寺又把这些写本和圣德太子的画像一起献给了皇室。

东京大学教授花山信胜先生认为，画像是圣德太子本人的画像，这些经疏也是圣德太子本人的东西。又有四天王寺女子大学教授金治勇先生出来主张这是圣德太子的著作……东京大学名誉教授中村元先生说，日本的名著始于圣德太子。……东京大学名誉教授高崎直道先生也主张《胜鬘经》的注是圣德太子所作：……京都府立大学校长门胁祯二先生在没有看懂藤枝晃的著作之前，就说："藤枝晃所说敦煌发现了《胜鬘经》的注，在日本是由百济的僧人写出来的，也完全是莫须有的说法。"曾经写过《圣德太子》的原东京大学教授坂本太郎先生还这样说："我是旧式的人，所以有损圣德太子名誉的事情，我听了是非常不愉快的。"

总而言之，藤枝先生把敦煌写本与圣德太子的《胜鬘经义疏》对比研究之后，认为它根本不是圣德太子的著作，写本就是从中国输入的。所谓"非海彼本"是"此地无银三百两"。

关于圣德太子画像的问题，过去东京大学史料编纂所所长今枝爱真先生曾写过小文《圣德太子像的谜》，他对这个像有所怀疑。藤枝先生同意今枝先生的说法。藤枝认为，这幅画像的周围是黑色涂过的，在黑颜色的底下明明有"川原寺藏"几个字样；而这个川原寺当时是唐朝归化人所建的庙。这样看来，这个像是唐朝来的归化人的画像，可能是中国的贵族，而不可能是圣德太子。如果是圣德太子画自己的像的话，他应该采用自己所定官位十二阶的服装，而不应穿着唐朝的衣服来画像。这个画像从川原寺转到了法隆寺，而法隆寺把它定成了圣德太子的像。

这样，藤枝先生利用他的"敦煌学"知识，揭穿了一千二百年来被认为是圣德太子天才著作的《胜鬘经义疏》，实际是从中国输入的经卷；被认为是圣德太子的遗像，实际是唐朝贵族的像。藤枝先生敢冒日本全国之大不韪，坚持真理，他的学术良心和独立自由的治学精神，不是很值得我们纪念和学习吗？我们今天不是还有许多学者，明明知道不是事实还在那里当作历史来宣传吗？

后来，韩昇先生在《圣德太子写经真伪考》中也说："藤枝晃先生判定现存的《法华经疏》和《胜鬘经疏》并非出于圣德太子手笔，颇有见地。"（见韩昇《海东集——古代东亚史实考论》，上海人民出版社 2009 年版，第 242 页）

薪火相传的敦煌史部文献整理研究

按照我国传统的《四库全书总目》分类法，可将敦煌文献分为经、史、子、集四部分。由于经部、子部、集部的文献大多有传世本可以参照，而史部文献除个别传世史籍的抄本残卷外，绝大部分都是未经前人加工改造的原始档案，具有非常重要的学术价值，是研究中古时期历史文化的第一手资料。对其进行辑佚、分类、校录、研究，提供系统完备的敦煌文献校录本，以方便学界使用，是敦煌学界的责任和义务。

一、敦煌文献整理研究的必要性

材料的搜集与整理是研究的第一步，只有经过认真整理、辨别的材料，才能真正发挥其研究价值。由于敦煌文献基本上都是写本时代的材料，其文字还没有定型，书手写作的随意性很大，而敦煌史部文献大都是民间书手所写，有些人甚至文化水平很低，所写契约、社文书、账簿、书信等文书中，俗字、别字、错字较多，给使用者造成了很多麻烦。因此，敦煌学研究可以说就是从文献校录整理开始的。

敦煌文献的特殊性导致了对其利用的困难，这主要表现在两个方面：一方面，从客观的研究条件来说，敦煌文献数量巨大，阅读不易。目前统计有近七万个流水号，主要收藏在中、英、法、俄、日等十几个国家的几十个图书馆、博物馆中，有些甚至还在私人手中，学者们基本上无法看全所有敦煌文献。现在，各家馆藏的敦煌文献陆续影印出版，使研究者有了接触图版的机会，但各家馆藏多按流水号记录，编排杂乱，甚至混入一些伪造文献和非敦煌地区出土的文献。所出图版也都是按照各国、各地馆藏的流水号编排，未经整理。皇皇 200 余册，研究者要全部通读也非易事，且影印本价格昂贵，一般研究者无力购买，即便是一些图书馆也很难全部购买。另一方面，从敦煌文献本身的情况来说，学界认为研读敦煌文献有四大障碍：一是敦煌写本多俗字，辨认不易；二是敦煌文书多俗语词，理解不易；三是敦煌卷子多为佛教文献，领会不易；四是敦煌写本有许多殊异于后世刻本的书写特点，把握不易。这些障碍客观上束缚了研究者对敦煌文献的利用，也限制了敦煌文献研究价值的发挥。

鉴于上述情况，按比较合理的分类体系重新编排，编纂一部集大成的敦煌文献总集，做成像标点本"二十四史"那样的"定本"，帮助读者冲破敦煌写卷的束缚和限制，使其不再受残卷、俗字、讹字等情况的困扰，为其创造更好的研究条件和文本保障，使敦煌文献成为各个学科都可以使用的材料，是敦煌文献整理研究者的殷切心愿。

二、敦煌史部文献整理研究之现状

敦煌文献发现后，我国学者及时开展了校录整理，如刘复《敦煌掇琐》、陶希圣《唐户籍簿丛辑》、王重民《敦煌古籍叙录》等，都是当时的代表成果。从 20 世纪 50 年代开始，学者们开始有意识地进行敦煌历史文献的分类校录工作，其中以中国科学院历史研究所资料室编《敦煌资料》第一辑，唐耕耦、陆宏基编《敦煌社会经济文献真迹释录》（1—5 辑）为代表。还有江苏古籍出版社出版的《敦煌文献分类录校丛刊》、郝春文主编《英藏敦煌社会历史文献释录》、日本学者池田温的《中国古代籍帐研究》、山本达郎等学者编著的《敦煌吐鲁番社会经济史料集》（5 卷）、俄国学者丘古耶夫斯基的《敦煌汉文文书》等，都是同时期敦煌历史文献校录整理的典范之作。

但是，不必讳言，由于各方面原因，前人的整理工作还存在一些问题。首先，由于受当时敦煌文献公布数量的限制，前人能见到的材料有限，也没有条件对全部敦煌文献进行普查，已出版的分类录校本所收文献并不全面。其次，以往敦煌史部文献的整理者以历史学者为主，对语言文字学界的研究成果吸取不足。甚至对于有些语言文字学者的批评与商榷意见，历史学界也不够重视，未能及时充分吸收，在一些校录中仍然沿用前人的误录、误释，造成对敦煌文献理解的障碍。如敦煌文献中常作为人名出现的"毛"字，前人多将其录作"毛"或"屯"，这就直接影响了对敦煌姓名文化的理解。最后，在校录原卷时，有较多的校改、校补。其中有些改、补是正确的，但也有不少改、补意见是由于不了解当时的语言文字习惯造成的，这样会对读者造成一定的误导。甚至有些径改、径补，破坏了敦煌文献的原貌，使研究者不能通过录文了解原卷的实际情况，导致一些校录本可资利用的价值打了折扣。

虽然存在以上问题，但前人在艰苦条件下的开创工作仍然值得敬佩，这些成果也是后来者进行校录工作的基础。随着敦煌文献图版的影印出版及部分写卷彩图的公布，学界进一步提出了对录文准确性和文献收集全面性的要求。当务之急是对敦煌文献进行全面普查，在此基础上进行分类、辨伪、定名、缀合、汇校，形成高质量、集大成的敦煌史部文献汇校本，为学界提供一部像"二十四史"、《资治通鉴》那样权威实用的定本，让敦煌文献走出敦煌学的圈子，真正融入学术界，才能使敦煌文献对整个学术研究发挥更大价值。

三、敦煌史部文献整理研究需要推陈出新

鉴于已有整理本目前存在的问题，我们认为，新的整理校录应该有以下几方面的突破：一是要力争在搜集文献的全面性上做足功夫。目前各国、各单位所藏敦煌文献已基本公布，有了比较全面、清晰的图版本，国际敦煌项目（IDP）和法国国家图书馆网站也公布了一部分彩图，几乎能够掌握全部的敦煌文献。研究者要充分利用这些资源，在资料收集的全面性方面尽最大努力。二是题解中要对每件文书基本情况给予概要说明，包括文献的状貌、内容、存佚、刊布、著录以及定名定年的依据，等等。对于前人已定名、定年、缀合的，题解中应予以介绍，并说明从之或不从的理由。这样一册在手，相关文献的基本信息和研究状况及学术史就全部掌握了。三是要尽量保证录文的准确性。录文的基本要求和宗旨是忠实于原卷，客观真实地反映原卷的状貌与内容，使研究者能够放心地使用，省去检阅原卷之繁。除个别收藏信息不明或未公布的文献外，所有辑录的文献都应该以原卷的图版为准，有彩图的文献尽量核对彩图。对一些文字清晰但暂时不认识或无法释读的，要采取照描其形的处理方式，不予臆测，留待今后释读。当原卷有漏

写时，如所漏写的文字不影响文意，则不予臆补，即不做无理由的校补、校改，避免以己意误导读者。如确需补充校改，则应在校记中说明理由，并规定固定的符号标记，使读者知道原卷的状貌。另外，敦煌文献内容庞杂，有些内容暂时读不懂也是难免的，遇到这种情况也应以保存原卷为主，不应对原卷内容进行臆测。四是校录中要尽量吸收文献学、语言文字学及其他相关学科的成果。如对相关俗字、缺字、漏字及漫漶者，应仔细考订，尽量吸收汉语史研究的成果，作出谨慎的选择。五是校记要精审。在撰写校记时，既要有自己的辨析、比勘，体现校录者的认知和见解，又要掌握学术研究的脉络，充分吸收前人整理研究的成果，厘清前人的贡献和已做出的成绩。

敦煌文献校录整理所取得的成绩是几代人努力的结果，这些经验也大多是前人已经指出的，后来者只是在实践的过程中进一步加深了认识，有些也是在整理的过程中慢慢摸索出来的。

需要指出的是，敦煌吐鲁番文书整理研究中的一些经验也适用于一般的古籍整理。比如敦煌文献中常遇到的俗字问题，一般古籍也会遇到，在雕版印刷发明之前，文籍流传均靠手抄，这就不可避免地产生一些俗字，即便是宋元以后的刻本也有大量俗字，有些古籍的讹误和异文需要通过俗字的分析才能理解。另外，对于校改、校补的审慎态度，古籍整理与敦煌文献整理也是一致的，如一些古籍在其他版本都缺某字，唯独四库本不缺，大体都是四库馆臣妄补，已受到一些学者的批评，也是应当引以为戒的。

（原载《光明日报》2018 年 2 月 6 日）

一个青年学子的梦想与情怀

——从《敦煌学述论》到《敦煌学通论》(增订本)

我是 1979 年 9 月进入甘肃师范大学历史系学习的。甘肃师范大学是原来的西北师范学院，学校坐落在兰州黄河北面的十里店，离市区比较远。上学期间，除了学校图书馆外，能够经常去的就是十里店新华书店。当时书店的历史书比较少，但有几种常年在书架上，即胡如雷先生的《中国封建社会形态研究》，韩国磐先生的《隋唐五代史纲》和《隋唐五代史论集》，这几本书给我留下了非常深刻的印象。由于当时经济非常困难，买这些书对我来说已经非常奢侈了。现在再来翻看这些书，都是大 32 开：《中国封建社会形态研究》是三联书店 1979 年 7 月出版的，13.5 个印张，定价是 1.3 元；《隋唐五代史纲》(修订本)是人民出版社 1979 年 5 月出版的，17.25 个印张，定价是 1.25 元；《隋唐五代史论集》是三联书店 1979 年 10 月出版的，14.75 个印张，定价是 1.5 元。也正因为有这样艰难的买书经历，在以后的著作出版和主编图书的过程中，我通常会有意识地从读者的角度考虑，与出版社交涉商谈开本、纸张和定价，就是为了让一般的学子在有限的条件下能多买几本书。

大学阶段后期，我的兴趣转向了敦煌学，1983年大学毕业后有幸留在了刚成立的西北师范学院敦煌学研究所。这时候心中便有了一个念想，即我从事敦煌学研究，如果也能像韩国磐先生的《隋唐五代史纲》和《隋唐五代史论集》一样，能写一本《敦煌学概论》，再出版一本《敦煌学论文集》，便也心满意足了。

1983年成立的西北师范学院敦煌学研究所，是由历史系、中文系、地理系、音乐系等专业的老师组建的综合性研究机构，当时想囊括敦煌学的各个方面。我留校后没有明确的研究方向，当时也没有今天的课题制，就是自由发挥，自己读书。1984年，学校下发文件，要求留校的青年教师都要报考研究生，报考外单位者皆委托培养，报考本单位者皆在职读书。在这一形势下，我拟报考兰州大学的敦煌学专业，由于我本科阶段学习的是俄语，但兰州大学的招生简章上没有俄语，西北师范学院人事处也与兰州大学招生办公室进行了沟通，但招生简章已经公布不能更改，于是我就报考了本系金宝祥先生的隋唐史（当年西北师范学院历史系只有两位教授招生，另一位是魏晋南北朝史专家王俊杰先生）。

研究生三年（1985—1988年）我主要跟金先生学习隋唐史。当时金先生正在计划撰写一部《隋史》，有两位青年教师侯丕勋和李清凌协助，我入学后金先生也让我参与此项工作，主要研究隋末唐初的历史，即隋史余波。其成果就是1989年由兰州大学出版社出版的《隋史新探》（金宝祥、李清凌、侯丕勋、刘进宝著）。

虽然我学习的方向是隋唐史，但我的工作单位是敦煌学研究所，因此敦煌学也是我念念不忘的，并经常翻阅相关书刊，参加相关会议和活动。1988年，一个偶然的机会，我为《兰州晚报》开设的《通俗敦煌学》专栏撰写专稿，一周三篇左右，每篇约500字，主要是将学习中读到的相关论著用自己的语言介绍给社会大众。

当时我正在参与大学老师郭厚安、吴廷桢等先生主编的《中国历史上的改革家》《悠久的甘肃历史》《甘肃古代史》《河西开发史研究》等书稿的撰写，经常去出版社送稿取稿，这样就与甘肃出版界有了比较密切的接触和交流。1989年底，往甘肃教育出版社送稿后，副总编辑张祚羌问我个人写什么书，我就谈了《兰州晚报》的"专栏"情况，提出想写一本比较全面系统的介绍敦煌学的通俗著作。张祚羌先生听了我的计划后，表示全力支持。可能是为了鼓励我，也使我下决心完成书稿，在没有任何条件（出版经费、购买图书等），也没有见到一章一节书稿的情况下，张祚羌先生给我出具了书面证明："西北师范大学刘进宝同志正在撰写的《敦煌学》是一部有较高水平的学术著作，甘肃教育出版社决定接受出版。"正是由于张祚羌先生的支持与鼓励，我排除了其他杂念，阅读了大量的论著，从而有了甘肃教育出版社1991年底出版的《敦煌学述论》。

《敦煌学述论》共28万字，从敦煌的历史、敦煌石窟艺术、敦煌文物的流散、敦煌遗书、敦煌学研究五个方面对敦煌学进行了比较全面系统的介绍，正如我在1991年4月18日所写《后记》中说："本书既有自己的一点研究心得，也吸收了国内外学术界的研究成果，将其提炼、综合后，加以通俗地叙述。"为了充分尊重前人的劳动成果，我采用页下注的方式尽最大可能将参考资料和文献注释清楚。对于那些本人既无研究，又不大熟悉但又不能缺少的内容，为全面介绍敦煌学，将前人的贡献尽可能完整、全面地反映出来，我主要依据前人的既有研究，采用每节后面加以说明的方式，对这部分内容进行了综述、提炼。如《墙壁上的图书馆——敦煌壁画概述》后注明："本节主要参考资料：段文杰先生《敦煌壁画概述》《形象的历史——谈敦煌壁画的历史价值》《道教题材是如何进入佛教石窟的》，以上均见《敦煌石窟艺术论集》；段文杰先生《敦煌艺术概观》、李永宁先生《敦煌壁画的世俗性》、谢生保先生《敦煌壁画中的佛教故事画》，以上均见《文史知识》1988年8期。"在《飞天新装挥舞迎——敦煌的飞天艺术》后注明："本节主要参考资料：段文杰先生《飞天在人间》，载《文史知识》1988年8期，《飞天——乾闼婆与紧那罗》，载《敦煌研究》1987年1期；谭树桐先生《敦煌飞天艺术初探》，载《1983年全国敦煌学术讨论会文集·石窟艺术编下》；刘凌沧先生《敦煌飞天》，载《文物天地》1982年2期。"在《科学技术的珍宝》后注明："本节主要参考资料：邓文宽先生《敦煌文献中的天文历法》，载《文史知识》1988年8期；王进玉先生《敦煌石窟中的古代科技成就》，载《科学》1988年4期；舒学先生《敦煌汉文遗书中雕版印刷资料综述》，载《敦煌语言文学研究》，北京大学出版社1988年版。"在《诗苑奇葩竞争艳》下面注明："本节主要依据张锡厚先生《敦煌诗歌考论》（载《敦煌学辑刊》1989年1期）一文写成，特此说明。"

从上面的叙述可知，《敦煌学述论》是在充分吸收前人成果的基础上编著的一本综合性、系统性、以全面介绍敦煌学知识为主的图书。当时敦煌学已经成了一门国际显学，但由于敦煌学包含的范围实在太广泛了，而本书是比较全面介绍敦煌学的第一本著作，所以出版后得到了学术界的关注与赞扬，不仅获得了有关出版和科研奖，而且台湾洪叶文化事业公司和韩国Acanet出版社还通过版权贸易出版了中文繁体字版和韩文版。

20世纪80年代末90年代初，当海峡两岸的人文科学研究者开始接触和交流时，敦煌学走在了前列。我在1993年4月的台湾版《序言》中写道："尤其值得庆贺的是，海峡两岸敦煌学研究者的交流与协作日益密切。1988年、1992年在北京举行的敦煌吐鲁番学术讨论会和 1990 年在敦煌举行的敦煌学国际学术讨论会，都有台湾地区的学者参加。1992 年 9 月，敦煌研究院段文杰、李正宇、梁尉英三位敦煌学家获准访台，与台湾学者进行了学术交流与接触，潘重规教授还受聘为敦煌研究院荣誉院士。"段文杰等先生的台湾之行，开启了大陆人文学者赴台交流的先河，可以说是破冰之旅。《敦煌学述论》台湾版也正是在两岸学术交流和联系日益密切背景下的产物。

韩国韩文版的翻译出版却费尽周折，从全寅初教授的《译者序言》可知。1997 年秋，韩国延世大学人文学院院长、韩国中国中语学会会长全寅初教授得到了台湾版的《敦煌学述论》，阅读后认为"本书论及了'敦煌学'的全部内容""是对敦煌学的整体内容做了比较详细而系统论述的研究书籍"。认为拙著有三方面的价值："有利于对'敦煌学'整体的把握"；"本书是了解中国边疆历史的重要研究书籍"；"确立了'敦煌学'作为世界性学科的地位"。"尽管'敦煌学'是一门重要的学科，但在我国迄今为止不仅没有有关'敦煌学'的研究书籍，甚至没有一本像样的译著。""我认识到将本书译成韩国语，介绍给国内学术界的工作是极其必要的。因此，我向大宇学术财团推荐此书作为'翻译对象书'候选书目，后来我又被幸运地选为译者，使我能够尽享翻译此书的荣光。"但由于全寅初教授得到的是台湾洪叶文化事业公司出版的繁体字版，当与台湾方面联系版权事宜时，又涉及笔者和甘肃教育出版社，而当时的沟通联系又不顺畅，所以迟迟未能达成协议。直到"2000 年 7 月末，我（全寅初）在参加'纪念敦煌藏经洞发现 100 周年国际学术会议'时，见到了本书的原作者刘进宝教授，他同意在韩国出版此书，并赋予我与此事相关的所有义务和权限。至此，历时 3 年的有关翻译版权的协商才告一段落"。正是因为有这些版权方面的波折，全寅初教授翻译的韩文版直到 2003 年才出版。

这中间还有一个插曲，即正在全寅初教授联系签订版权协议时，我接到了韩国青年敦煌学者郑炳闰的信。他说已基本将我的《敦煌学述论》翻译完毕，正在联系出版事宜，出版社需要我的授权。我很遗憾地告诉他：《敦煌学述论》已经由韩国延世大学的全寅初教授翻译。虽然如此，我还是非常感谢郑先生的肯定与赞赏。

1998 年，甘肃教育出版社总编辑白玉岱和副总编辑黄强先生决定重印《敦煌学述论》，并建议我增补修订，拟于 2000 年 6 月藏经洞发现 100 周年时出版。我愉快地接受了这一建议，全身心地投入增补修改工作。1999 年 9 月底完成交稿，定名为《敦煌学述论》（增订本）。2000 年 3 月一校后，由于出版社计划的调整，拟将《敦煌学述论》（增订本）收入甘肃教育出版社正在组织的"敦煌学研究丛书"中，出版社从全套丛书的整体结构和发行等方面考虑，建议将书名改为《敦煌学通论》。但我清楚，它还不是一本真正意义上的《敦煌学通论》，所以我在 2000 年 3 月 14 日写的《后记》中说："由于本人学识有限，见闻不广，再加上时间紧迫，本书肯定还有许多不足、缺点，甚至错误之处。对于这些缺点、错误，我一如既往地欢迎学界前辈和同志们予以指正、批评。我也会加倍努力，如有机会再次修订出版，将使之更加完善，成为一本名副其实的《敦煌学通论》。"

由季羡林先生主编的"敦煌学研究丛书"12 本，于 2002 年出版后得到了学术界的高度赞扬，2004 年荣获第 14 届"中国图书奖"。《敦煌学通论》也获得了江苏省政府社科奖，并很快销售一空，还重印了一次。

2010 年 1 月 14 日，新疆人民出版社副总编辑张田先生打来电话约稿：新疆人民出版社正在组织策划"丝绸之路研究丛书"，希望我承担其中的《丝绸之路敦煌研究》。由于我当时诸事繁杂，尤其是对丝绸之路缺乏研究，便推辞拒绝。但张先生说，如果重新写作，肯定没有时间，新疆方面找了相关的敦煌学研究图书，最后选定了我的《敦煌学通论》，希望我在《敦煌学通论》的基础上修改增删。张先生还提到，由于没有我的联系方式，他是从《敦煌学通论》的《后记》中得知我在西北师范大学，就给西北师范大学人事处打电话找我，人事处说我调到了南京师范大学，又给南京师范大学人事处打电话才找到了我的联系方式。张田先生说的情况感动了我，我便答应考虑考虑。张先生紧接着说，他来南京找我面商。我当时想，这可能仅仅是张先生随口一说，乌鲁木齐到南京相距甚远，再加上快到春节了，哪有时间啊！2月1日晚，张田先生给我打电话说已到了南京并入住南京师范大学南山专家楼。2日我们见面时，张先生与我商谈了稿件的要求等事宜，并当场签订了图书出版合同。

这样，我就全力以赴地投入书稿的修订写作之中，到8月基本完成了60万字的书稿。书稿电子版发给出版社后，一方面由出版社请相关专家审读，另一方面我继续补充完善。2011年初，《丝绸之路敦煌研究》由新疆人民出版社出版。与《敦煌学通论》相比，《丝绸之路敦煌研究》虽然有自己的特色和定位，但毕竟是以《敦煌学通论》为基础和蓝本的，所以在我的心目中，它就是《敦煌学述论》的第三版。

虽然《丝绸之路敦煌研究》有一定的学术价值，也获得了江苏省政府社科奖，但作为"丝绸之路研究丛书"之一的《丝绸之路敦煌研究》是整套发行，没有单本销售，一般的读者是很难全部购买的，所以影响有限。

《敦煌学通论》于2002年出版后，出版社也重印过一次，但很快就销售完毕。甘肃教育出版社领导王光辉、薛英昭先生曾几次谈过修订重印的问题，我由于诸事繁杂，一直没有正面回应。从2018年初开始，王光辉先生几次电话或当面约稿，希望我写一本或主编一本介绍新中国成立70年来的敦煌学研究的著作。但如前所述，敦煌学包含的范围实在太广了，再加上我的教学、科研任务繁重，实在没有时间、能力和学养来完成这一重任。但他们的深情厚谊和信任，仍然让我十分感动，就答应并商谈了增删修订《敦煌学通论》。

现在呈现在读者面前的《敦煌学通论》（增订本），我主要做了

《敦煌学述论》各种版本

以下工作：

内容方面，将我没有研究或不熟悉的内容尽量删节。如敦煌莫高窟是集壁画、雕塑与建筑于一体的文化遗产，也是其最重要的内容和特点。《敦煌学通论》除了壁画、雕塑和建筑外，还有飞天和乐舞两节。而我对飞天和乐舞根本没有研究，而飞天本身就是壁画中的内容之一，曲谱、舞谱属于遗书的内容，乐器、舞蹈又是壁画中的东西，单独作为一节似乎不大合适，所以删除了敦煌的飞天艺术和乐舞艺术。另外，敦煌遗书的内容包括史学、文学、民族、宗教、科技等，在我撰写《敦煌学述论》时，敦煌语言文学的研究最为活跃，研究成果也特别丰富，因此对文学方面的叙述比较多，共有变文、诗歌、曲子词三节，从而显得轻重不一，而我的专业是历史学，对文学缺乏研究，绝大部分是综合叙述，所以就将此三节压缩合并为一节；《敦煌学通论》中的《唐代地方公文的处理程式——敦煌吐鲁番的官文书》一节，因为主要使用的是吐鲁番和大谷文书，超出了敦煌学的范围，所以此增订本也不再收录。

在删节的同时，也增加了部分内容，如敦煌历史部分，较多地吸收了甘肃地方史研究的成果，对以前论述比较薄弱的宋至清代的敦煌历史给予了较多关注，从而将敦煌的历史完全贯通。另如，一般读者都有疑问：敦煌艺术是佛教艺术，莫高窟是佛教石窟，最后的守护者怎么会是道士王圆禄？本书对此也给予了明确回答。1524年，明朝关闭嘉峪关后，敦煌遂为信奉伊斯兰教的吐鲁番部族所据。清朝统治敦煌后，通过移民等措施，逐渐恢复了当地的社会经济。但由于邻接敦煌的新疆居民此时大多已信奉了伊斯兰教，从而使清代敦煌的佛教艺术成了无源之水、无本之木。而从元代以来，敦煌就成了佛道交融之地，在《敦煌莫高窟供养人题记》中，就有清代道教徒留下的不少题记。而清代重修莫高窟时，也增添了不少道教的内容，甚至还将有些洞窟改为娘娘庙，从而使敦煌的道教到清代时仍有一定的势力。再加上当时敦煌民间对佛道的区分不明显，所以当王圆禄以道士身份居住在佛教洞窟中时，并未引起当地百姓的反对。反而因他说的是汉话，诵读的是汉文道经，能够满足大部分群众的需求，很快就得到了当地百姓的信任。再如敦煌景教文献部分，学术界的最新成果指出：得自藏经洞的 P.3847《大秦景教三威蒙度赞》《尊经》是真本无疑；李盛铎旧藏的《志玄安乐经》和《宣元本经》也应该没有问题；富冈谦藏旧藏《一神论》和高楠顺次郎旧藏《序听迷诗所经》，无确切清楚的来源，很可能是今人依据明清以来的基督教文献伪造出来的；小岛靖号称得自李盛铎旧藏的《大秦景教宣元至本经》和《大秦景教大圣通真归法赞》，则完全是赝品。

注释方面，原来的注释附于每章之后，读者参考阅读颇不方便，增订本不仅改为页下注，而且引文更加规范、清晰。古籍文献的引文，尽可能注明了版本、页码。由于敦煌文献的图版绝大部分已公布，就尽可能注明图版在《英藏敦煌文献（汉文佛经以外部分）》《法藏敦煌西域文献》等图版本的册数和页码。

另外，这次增订与1991年版的《敦煌学述论》一样，对我不熟悉或没有研究的内容，主要依据前人研究成果综述的部分仍然加以说明，以尊重前人的劳动和贡献。如《敦煌壁画的内容》主要是依据段文杰先生的成果分七类予以介绍，就在后面注明："本节主要依据段文杰先生《敦煌壁画概述》改写，详见段文杰《敦煌石窟艺术研究》，甘肃人民出版社2007年，第144 150页。"《敦煌壁画的历史价值》也是根据段文杰先生的研究综述的，所以在后面注明："本节主要依据段文杰先生《形象的历史——谈敦煌壁画的历史价值》（《敦煌学辑刊》第一集，1980年）改写，特此说明。又见段文杰《敦煌石窟艺术研究》。"在《敦煌的彩塑艺术》后注明："本节主要参考资料：孙纪元《谈谈敦煌彩塑的制作》，载《敦煌研究文集》，甘肃人民出版社1982年；《略论敦煌彩塑及其制作》，载《中国石窟·敦煌莫高窟》三，文物出版社1987年；段文杰《敦煌彩塑艺术》，载《敦煌研究》试刊第一期；杜永卫《莫高窟彩塑艺术（"敦煌艺术小丛书"之十六）》，甘肃人民出版社1986年。"

我们认为："所谓敦煌学，就是指以敦煌遗书、敦煌石窟艺术、敦煌学理论为主，兼及敦煌史地为研究对象的一门学科。"本书也主要对敦煌学的这些内容作了探讨和介绍，力争全面阐释敦煌学。但由于笔者学养不够，对石窟艺术的介绍相对薄弱一些，这不能不说是一点遗憾。

从1991年出版《敦煌学述论》已经快30年了，这期间敦煌学研究取得了巨大的成绩，可以说发生了翻天覆地的变化。本书的增订，虽然力争反映这一发展和变化，但由于本人的学识有限，仍然未能达到这一目的。如在敦煌石窟艺术、敦煌文学、敦煌科技方面，笔者未能涉足研究，缺少或没有自己的见解，只能对前人的研究进行综述和提炼。如果有机会再次修订，将对相关薄弱的部分进行强化，使其能成为一本名副其实的《敦煌学通论》。

（2019年1月1日，这是甘肃教育出版社《敦煌学通论》〔增订本〕的自序）

《百年敦煌学》后记

《百年敦煌学：历史·现状·趋势》的编辑出版，既是必然，又有偶然性。说必然，那是因为敦煌学百年了，学界的朋友们都想做出自己的贡献，作为以从事敦煌学研究、教学为主的笔者，自然也想为敦煌学百年做一点力所能及的工作。说它有偶然性，是因为最初的动议是非常偶然的。

2007年5月下旬，我因为临时有事赴北京出差。29日晚在与一位

《百年敦煌学》

历史学刊物的编辑朋友聊天时，谈到了学术研究新的取向及新的课题，我当时随口说，敦煌学即将一百年了，我们应该对这一百年来的工作进行总结，对现状进行评析，对未来的发展予以展望。编辑朋友听后很高兴，认为这是一个很有学术价值和意义的创意，并希望就此问题，找五六位学者，以"敦煌学百年：历史、现状与发展趋势"为题组织一组学术笔谈，同时还商谈了初步设想和人选。因为是限定在历史学领域，就决定请池田温、樊锦诗、姜伯勤、郝春文、荣新江教授，再加上我，这样，既考虑了年龄，又照顾了地域。回到南京后，我即向池田温先生、樊锦诗先生、姜伯勤先生打电话通报了这一设想，并给三位先生寄去了书面约稿函。很快就收到了池田温先生的回信：积极支持，并答应撰写。由于8月要在兰州、敦煌召开"段文杰先生从事敦煌文物和艺术保护研究60年纪念活动暨敦煌壁画艺术继承与创新国际学术研讨会"，姜伯勤先生与我都要去兰州、敦煌开会，因此在电话中商定，到敦煌后，我与姜伯勤先生、樊锦诗先生再面谈此事。

8月26日，在敦煌研究院资料室，我和姜伯勤先生、樊锦诗先生商谈了"敦煌学笔谈"的写作事宜，姜先生和樊院长谈了很好的意见，并提出了他们的写作题目和计划。

最早组织的这一组"敦煌学笔谈"，再加上以后所约中国社会科学院历史研究所黄正建先生的稿件，由于郝春文教授的积极联系，彭卫主编的大力支持，最后在《中国史研究》2009年第3期刊出。

在构想"敦煌学笔谈"上述稿件的过程中，我于2007年6月中旬赴无锡参加"六朝历史与吴文化转型高层论坛"，在会议期间的朋友聊天时，我说到了敦煌学即将百年，我正在组织一组笔谈。可能是说者无意，而听者有心。当晚，《学习与探索》文史编辑部的那晓波主任即找我，希望给他们的杂志组织一组"敦煌学百年"的笔谈，我答应予以考虑。

随后，那晓波主任很执着地多次追问，这样我就不得不认真考虑。当我在拟定组稿名单的过程中，曾考虑过有些学者可能由于时间安排等，不一定能按时交稿，这样就需要多约请几位学者。但如果约请的学者都答应写稿并交来稿件后，我又如何安排？就在为《学习与探索》组稿的这种矛盾过程中，我产生了一个比较大胆的设想，即尽量多约请学者写稿，在 2009 年敦煌学百年时，将其汇编成书。现将当时的约稿信转引如下：

敦煌学笔谈草案

先生，您好！

2000 年，在纪念敦煌藏经洞发现百年之时，荣新江教授曾发表了《敦煌学：21 世纪还是"学术新潮流"吗？》一文，从大文化的角度，以四个方面为例，对新时代敦煌学的发展作了展望。

敦煌学产生于 1909 年，已有了百年的历史。在敦煌学产生百年之际，敦煌学本身也进入了一个新旧交替的时期，即前一个阶段主要是以资料的搜集、整理、刊布为主，目前，《英藏敦煌文献》14 册、《俄藏敦煌文献》17 册、《法藏敦煌西域文献》34 册已全部刊布，中国国家图书馆所藏敦煌文献已刊布 30 册，计划共有 150 册，将于 2008 年全部刊布。北京、伦敦、巴黎、圣彼得堡四大收藏中心收藏的敦煌文献占到总数的 95% 以上。另外，甘肃、浙江省及北大、天津艺术博物馆、上海博物馆等地所藏敦煌文献也已公布。可以说，资料的刊布已经完成。在新的阶段，应该是对已刊布的资料进行全面、综合、深入地研究了。

为了对前一阶段的敦煌学研究进行总结，找出经验教训，对现状进行评析，对以后研究的方向，应该注意的问题、加强的方面，方法、理论等进行规划、展望，我们与有关杂志社联系，拟在敦煌学百年到来之际，以"敦煌学百年：历史、现状与发展趋势"为题，邀请在国际学术界有影响的敦煌学家组织一组笔谈。

每篇笔谈题目自定，字数二三千或三四千字均可，尽量不超过五千字。

希望在 11 月底前交稿，最迟年底交稿，明年 6—8 月左右刊出。

约稿信发出后，得到了学界师友的大力支持，我将先期收到的柴剑虹、郑阿财、方广锠、王素等先生的 6 篇笔谈稿件交与那晓波主任。后面收到的两篇在《南京师大学报》2008 年第 5 期的《敦煌学研究》栏目刊出。

在《学习与探索》2008 年第 3 期刊出的这 6 篇稿件，还引起了一些社会反响。中国人民大学复印报刊资料《历史学》将此 6 篇稿件（包括编者按）全部转载复印，《新华文摘》将柴剑虹先生、王素先生的大作全文转载。《南京师大学报》发表的两篇稿件，也被《中国社会科学文摘》和《高等学校文科学术文摘》摘编。

2007 年 10 月，在武汉大学参加魏晋南北朝史学术讨论会期间，与《社会科学战线》副主编尚永琪先生聊天时，尚先生希望将我组织的"敦煌学笔谈"给他们一组；2008 年 8 月，在新疆参加龟兹学术研讨会时，新疆师范大学的朱玉麒、施新荣先生得知我正在组编《百年敦煌学》的笔谈，提出给《新疆师范大学学报》的《西域文史》提供一组稿件。这就有了《社会科学战线》2009年第9期、《新疆师范大学学报》2009年第2期的《敦煌学笔谈》专栏。

为《百年敦煌学》组稿，既愉快又耗费时间、精力，尤其是所约请的学者，都是敦煌学界的名流，他们工作繁忙，头绪很多。有些虽然退休了，但大多是退而不休，仍然将时间、计划安排得很满；有些则年老体弱，甚至长期有病。因此，虽然约请的学者们都答应为笔谈写稿，但真正操作起来却相当繁难。如池田温先生是国际著名的敦煌学家，他年近80，身体欠佳，而且又不使用电脑，到目前还是用钢笔写作，更不可能上网收发邮件。为了池田先生的稿件，我曾给先生打过十多次的国际长途，两人的来往信件也有十多封。当收到池田先生用钢笔写来的日文稿件后，我就请我的同事李济沧副教授帮忙翻译。济沧君在日本龙谷大学留学11年，是谷川道雄、上山大峻和都筑晶子教授的学生，在国内已出版了多种日本学者的译著，如《隋唐帝国形成史论》等。他在翻译过程中，遇到不懂的问题时，还曾请教过他的老师——龙谷大学前校长上山大峻教授。翻译稿完成后，我又通读一遍，改正了个别的用语。但有些地方我还是拿不准，打电话给池田温先生又说不清楚，就将翻译稿寄给池田先生，请先生在上面修改审定。池田先生的手校稿来后，我想是没有问题了，但在发表前，还有一些具体的编辑体例方面的问题。如有条注释是"藤枝晃：《敦煌学及其周边》，大阪府编《浪速塾丛书》51，1999年3月，第183—185页"。缺少编者、出版社及出版地点。没有办法，我就写信请日本京都大学人文科学研究所的高田时雄教授帮忙。高田教授订正为"藤枝晃：《敦煌学及其周边》，大阪府浪速塾编，《浪速塾丛书》51，1999年12月，大阪：ブレーンセンター，第183—185页"。另如"《敦煌写经一北三井家》，2005年"，也是缺少编者、出版社和出版地点，同样是请高田时雄教授解决的，增加了"财团法人三井文库编，东京：三井文库发行"。

另如敦煌研究院的孙儒僩先生，1947年到敦煌艺术研究所后，再没有离开过敦煌，是60年来敦煌学发展，尤其是敦煌艺术研究所—敦煌文物研究所—敦煌研究院石窟保护和建筑工作的见证人，当我开始邀请孙先生写稿时，孙先生就很痛快地答应了。但孙先生年老体弱，中间还住院做手术，并到成都休养过一段时间。为了约请孙先生写稿，我曾三次到孙先生的寓所拜访，有一段时间联系不上孙先生，他的家中电话和小灵通都停机了，问了几位敦煌研究院的同事和邻居都不知道。经多方打听，孙先生有病住院做了手术，为了好好休息、避免打扰，就隔断了与外界的联系。当我打听到孙先生公子的手机号后，才与孙先生联系上，但我每次电话只是问候先生的病情，并希望他保重身体，绝对不提稿件之事。但孙先生清楚我找他的目的，他主动说出院后会给我写稿。孙先生出院后又到成都去休养。我又多次打电话问候先生，并希望先生在身体许可的前提下，完成"敦煌学笔谈"的写作。可能正是我的这种执着，感动了先生。今年春节，终于在先生家里拿上了《我的敦煌生涯——1947—1949莫高窟生活回忆》。

再如唐耕耦先生、白化文先生、宋家钰先生、朱雷先生、姜伯勤先生、马世长先生、张弓先生、杨际平先生、项楚先生、赵和平先生、邓文宽先生、府宪展先生等等，都是多次的电话，有时甚至是一周一次的催促，才有了他们的稿件。正如白化文先生所写："刘进宝先生早就派我写一篇'敦煌学笔谈'，并每隔约半个月就打长途电话催促。我能充分感受到他的盛意。"另如赵和平先生所写："南京师范大学刘进宝教授是个有心人，他约集了一批我国在敦煌学研究上颇有造诣的学者搞了一个笔谈敦煌学，承蒙不弃，笔者也在刘教授罗网中，且多次催稿，辞不获已，只得勉强应命，却十分为难，若仅写笔者熟悉的'书仪研究'，恐失之过窄；若写国际敦煌学如何发展，又不是愚钝如我所能承担的；思之再三，只好就本人所知、所做、所想的一些事情和问题，写出一些真实想法，且不去管对错与否，只管真实就好。一是践刘教授之约，二是供同道与读者参阅。"再如邓文宽先生所写："自 2008 年秋季以来，刘进宝教授多次来电话敦促，希望我能写一篇东西，谈谈对敦煌学研究未来发展的认识，我一直未敢应命。原因有二：一是自 2008 年初患腰病以来，不断求医问药，时间常被撕碎，写作情绪亦被破坏，提不起神来；二是这许多年来我的工作以考据求实为特征，既不善于发议论，更不长于对学术的未来走向进行蠡测。因此一推再推。但拗不过他的执着，只好答应写一篇出来。思索再三，难成一系统认识，只好名之曰'断想'，一则向进宝兄交差，二则借机向学界同仁求教则个。"

虽然经过两年多的努力，约来了 50 多篇笔谈，我感到十分欣慰，但还是有许多遗憾，即我计划中的一些笔谈未能收到。如敦煌研究院的贺世哲、施萍婷先生，是我非常尊敬的前辈学者，也是我约请的第一批作者，两位先生也答应写稿，施先生甚至已动笔写作了。为了得到他们的大作，我曾几次到府上拜访面谈，也多次地电话、邮件催促，但二位最终因身体等原因，还是没有完成他们的稿件。另如台湾大学的高明士教授，已经答应了我的约请，准备写稿。他在来信中说："关于撰写'敦煌学笔谈'一事，可试试看，但因已多年没在这方面执笔，不免生疏，虽然也一直在关心敦煌学。"后来高教授还是放弃了，他在来信中说："这几天在构想'敦煌学笔谈'时，发现自己无新材料可写，所以想向吾兄请辞这次的邀稿。

其实这十几年来，我和弟子们用比较多的时间在研读唐律，最近是研读《天圣令》，打算未来一二年间，对敦煌吐鲁番有关法制文献再作一些检讨。……由于对法制文献尚无成熟意见，笔谈一事不能写。请多包涵。"再如台湾政治大学历史系的罗彤华教授，也已答应为笔谈写稿，后由于生病住院，"暂停一切研究工作"而作罢。还有浙江大学的卢向前先生，也是答应写稿并已动笔，后由于其他事务而未能再写。另外，武汉大学的陈国灿先生、甘肃省文物考古研究所的董玉祥先生、中国社会科学院的耿昇先生、甘肃省文物考古研究所的张德芳先生、西北师范大学的伏俊琏先生、兰州大学的王冀青先生、敦煌研究院的赵声良先生等，我也邀请为"敦煌学笔谈"写稿，而且都曾答应写稿。但由于各种原因，他们未能为本文集贡献大作，留下了遗憾。

收入本书的部分稿件，曾在有关刊物上发表，在此，对刊发稿件的《中国史研究》及彭卫主编、张彤副主编，《社会科学战线》及尚永琪副主编，《学习与探索》及那晓波主任，《新疆师范大学学报》及朱玉麒教授、施新荣教授，《南京师大学报》及赵仁康主任，表示衷心的感谢！

我开始为本书组稿所选定的学者，大体限定为比我的年龄大、学术造诣高。但由于敦煌学所包含的范围非常广泛，所以在实际操作中，为了考虑学科的全面性，最后约请了几位比我年龄稍小、但学术水平高的学者参与撰稿。现在，为本书贡献大作的 50 位学者，年龄最大的是南京大学的卞孝萱先生，出生于 1924 年，年龄最小的是日本广岛大学大学院的荒见泰史先生和中国社会科学院历史研究所的李锦绣先生，都是 1965 年出生的。即便如此，本书还是不够全面，有些应该有的内容阙如，如"河西石窟与敦煌莫高窟""敦煌供养人题记整理回顾""敦煌文献编目的得失""敦煌历史地理研究的成就""敦煌学视野下的简牍文化"以及"敦煌法制文献研究""敦煌官文书研究""敦煌文献的流散""敦煌艺术"等。

根据内容，本书文章大体分为四类，即第一类：历史、理论与方法；第二类：文献与出版；第三类：文书与历史、文学研究；第四类：石窟、宗教民族、音乐体育舞蹈。各类文章均以作者年龄大小排序。这样编排肯定有不完善、不合理之处，欢迎读者批评指正，以便再版时修订。

在 2007 年编组《百年敦煌学》笔谈稿件时，恰遇申报江苏省社科规划项目，我抱着试一试的心态，申报了"敦煌学百年：历史、现状与发展趋势"。为什么说是试一试呢？因为一般的省级社科规划项目，大多以应用性课题为主。虽然江苏是文化大省和文化强省，教育和社科研究都比较发达，各方面的投入也比较多。但据我所知，在江苏省的社科规划项目中，还没有批准过一项纯敦煌学的课题。由于规划办领导独具慧眼，再加上评审专家的厚爱，这一课题被批准立项。作为省级一般课题，虽然经费十分有限，但毕竟为我解决了组稿联系、打印、校对等一些费用，从而保证了本书的顺利完成。在此，我代表本书的所有作者，向江苏省社科规划办及徐之顺主任表示最衷心的感谢。

《百年敦煌学》一书由我故乡的甘肃人民出版社出版，也是我非常乐意的。2008 年 8 月，我到兰州大学拜访刘光华教授时，巧遇甘肃人民出版社图书出版中心李树军主任。李君是比我低几届的系友，是一位有见识、有眼光、有魄力的出版人。当我们在一起聊天时，我谈到了正在约稿编辑的《百年敦煌学》，他听后很高兴，并当场要求将书稿给他，由甘肃人民出版社出版。我听了李君有关出版方面的分析后，就答应将书稿交他出版。

甘肃是敦煌的故乡，读者出版集团所属各出版社出版敦煌类图书有着得天独厚的优势，也能得到上下一致的特别重视。尤其是甘肃人民出版社和甘肃教育出版社，都出版了许多优秀的敦煌学图书，并产生较大的社会反响，具体情况可参阅本书所收黄强先生的《甘肃敦煌类图书出版漫谈》。

我与读者出版集团及其前身甘肃教育出版社、甘肃人民出版社有很深厚的感情。我读大学时所编自用的小册子《敦煌学论著目录》，就是由甘肃人民出版社于1985年出版的；我的第一本学术性的著作《敦煌学述论》就是由甘肃教育出版社于1991年出版的。随后，我的《敦煌学通论》《敦煌历史文化》《藏经洞之谜》《遗响千年——敦煌的影响》也都由甘肃教育出版社和甘肃人民出版社出版。我也曾为甘肃教育出版社的"敦煌学研究丛书"、甘肃人民出版社的"敦煌文化丛书"的编辑出版，做过一些力所能及的工作。

地处经济欠发达地区的读者出版集团，其编辑出版却独树一帜，它不仅主办有世界闻名的《读者》，而且它的一些编辑，如我接触过的张祚羌、白玉岱、杜绮德、李德奇、黄强、李树军、王光辉、薛英昭等，都是学者型的编辑，是敬业的出版工作者，都能关注国内外的学术动态，并热心和作者交朋友，始终把编辑出版学术精品作为己任。我衷心希望读者出版集团能多多涌现出这样优秀的学者型出版工作者。

最后，我还要深深感激冯其庸先生。作为年近米寿、德高望重的学术和书画大师，他在病中欣然为本书题写书名，我想本书的全体作者都是会铭感于心的。

（《百年敦煌学：历史·现状·趋势》，刘进宝主编，甘肃人民出版社2009年版）

敦煌研究介绍三题

一、敦煌学与国学

目前，"国学热"席卷大地，有关的出版物及讲座很多。但在热闹的背后也有隐忧，即大部分有价值的出版物还是早期的国学经典，或是经过重新包装和拼合的旧东西，真正的创新并不多，对于一些新兴或边缘的学科也关注不够。"敦煌学"是一门综合性的学科，对于国外学者来说，它属于"汉学"或"中国学"的范畴，对于中国学者来说，它则属于国学的内容。作为以地名学的"敦煌学"，虽然以敦煌为主，但我们绝不能将其局限于敦煌，而必须走出敦煌，关注和研究它的内涵与外延。许多新兴、边缘的学科，如吐鲁番学、简牍学、黑城学（西夏学）、丝路学、欧亚学、龟兹学、石窟寺学、西北史地学等等，都与敦煌学有着密切联系。有些学者或者就将其纳入敦煌学的研究范围或视野。《敦煌学视野下的黑水城文献研究》一文，就比较详细地探讨了敦煌学与黑城学、黑城学与西夏学的联系与区别，读来使人耳目一新。希望以后有学者继续从事这类课题的研究，写出《敦煌学视野下的吐鲁番文献研究》

《敦煌学视野下的简牍文献研究》《敦煌学视野下的龟兹文化》《敦煌学视野下的石窟寺文化》等。

敦煌文献虽发现于 1900 年，但作为一门学科的敦煌学，则是从 1909 年开始的。1909 年，伯希和来中国为法国远东学院购买图书时，首先是端方得知他携带有敦煌文书的消息，这才有了伯希和与北京学者的见面及展示所携敦煌文献之事。罗振玉等中国学者也才从伯希和处知道了敦煌发现藏经洞的消息。罗振玉即根据从伯希和处抄录的资料进行刊布，最早的就是发表在 1909 年 11 月 7 日出版的《东方杂志》第 6 卷第 10 期上的《敦煌石室书目及发见之原始》，紧接着在同年第 6 卷第 11、12 期上又发表了《莫高窟石室秘录》，这就是第一批公开的敦煌文献，随后又有同年 9 月王仁俊的《敦煌石室真迹录》、同年 11 月罗振玉和蒋斧的《敦煌石室遗书》等第一批敦煌学研究著作的问世。百年来，敦煌学研究进展迅速，成果丰硕。但对敦煌学术史的研究则显得薄弱，重视不够。这主要是因为敦煌文献以唐五代时期的内容最多，研究者也基本上是唐史学者。由于受教育的背景和学科分类的局限，研究唐史、敦煌文献的学者对近现代史不大熟悉，关注不够，或认为这属于近现代史的领域而不予涉足。而研究近现代史的学者，又缺乏唐史和敦煌文献方面的学术训练，从而使敦煌学术史的许多方面至今还是空白。今年恰逢敦煌学百年，《郑振铎与俄藏敦煌文献》一文，就是对敦煌学术史上一个个案的探讨。

在敦煌文献研究领域，以中国、日本、欧美（以法国为主）学者的贡献最大。在 20 世纪 80 年代以前，中国学者主要侧重于四部书的整理研究，日本学者则在宗教，尤其是佛教研究方面贡献较多，法国学者则在民族文字文献，如回鹘文、古藏文、于阗文、粟特文研究方面着力最多。1983 年中国敦煌吐鲁番学会成立后，我国学者也开始关注民族文字文献的研究及有关人才的培养，并已在古藏文、回鹘文、吐火罗文等方面取得了较大的成绩，引起了国际学术界的注目。《论吐蕃统治敦煌时期的官田、营田》一文，就是利用古藏文研究吐蕃统治时期敦煌经济的尝试。

总之，本专栏的三篇论文各有特色，希望能对敦煌学研究有所贡献，也希望大家多提宝贵的意见，多将宏文大作赐予我们。

二、从敦煌到西域

丝绸之路是一条国际交流通道，1877 年，德国地理学家李希霍芬在他的名著《中国》一书中，首次提出了"丝绸之路"一名，这一称谓很快得到了东西方学者的认可。

从世界历史的大局着眼，丝绸之路是一条世界通道，它曾是连接世界上最古老的文明古国——中国、印度、埃及、巴比伦等国家的纽带；在丝绸之路的要冲，诞生了至今仍在影响人们思想的佛教、基督教和伊斯兰教；在丝绸之路所经过的地区，曾经出现过波斯帝国、马其顿帝国、罗马帝国、奥斯曼帝国等地跨亚、非、欧三大洲的世界大帝国，并都在世界历史上扮演过重要角色；世界上许多具有划时代意义的发明创造和思想流派，如中国的四大发明、印度的佛教等，首先是通过丝绸之路传布到了全世界，进而对世界文明作出了贡献。因此我们可以这样认为，丝绸之路从政治、经济、文化等各个方面，影响和推动了世界上很大一部分地区社会历史的发展。

作为世界文明通道的"丝绸之路"可分为东、中、西三段，从中国的长安（或洛阳）到敦煌是东段，从敦煌到葱岭（帕米尔高原）的西域（即今天的新疆地区），属于中段，从帕米尔以西到欧、亚、非洲，是西段。

敦煌是丝绸之路的"咽喉"，其地理位置十分重要，它总扼两关（阳关、玉门关），东接中原，西邻新疆，控制着东来西往的商旅。从敦煌西出阳关，沿昆仑山北麓，经鄯善（若羌）、且末、于阗（和田）至莎车，穿越葱岭可以进入大月氏、安息等国；从敦煌出玉门关北行，沿着天山南麓，经车师前王庭（吐鲁番）、焉耆、龟兹（库车），到达疏勒（喀什），然后越葱岭，进入大宛、康居、大夏等地；而从敦煌至伊吾（哈密），再经蒲类（巴里坤）、铁勒部，渡今楚河、锡尔河而达西海（地中海）。西域（新疆）境内的这三条丝绸之路都"发自敦煌"，然后经伊吾、高昌（今吐鲁番）、鄯善而达中亚、欧洲，所以隋代的裴矩就说"故知伊吾、高昌、鄯善并西域之门户也，总凑敦煌，是其咽喉之地"，这就清楚地说明了敦煌在丝绸之路上的重要地位和枢纽作用。

自汉代丝绸之路开通以来，中原文化不断传播到敦煌，并生根发芽。同时，由于敦煌地接西域，交通极为便利，也就较早地接受了发源于印度的佛教文化。西亚、中亚的文化也随着印度佛教文化的东传而到了敦煌。中西不同的文化都在这里汇聚、碰撞和交融。如吐鲁番文书，就与敦煌文书有许多的关联，可以进行综合研究。正如季羡林教授所说："世界上历史悠久、地域广阔、自成体系、影响深远的文化体系只有四个：中国、印度、希腊、伊斯兰，再没有第五个；而这四个文化体系汇流的地方只有一个，就是中国的敦煌和新疆地区，再没有第二个。"

自汉代将西域纳入中国版图以后，无论是统一的中原王朝，还是割据的地方政权，无论是汉族统治者，还是少数民族统治者，都非常重视对西域的经营，也有许多的经验教训。《中古时期中原王朝和地方政权治理西域的经验与教训》一文，既有学术价值又有现实意义，它从宏观上对中古时期中原王朝经营西域的得失进行了比较全面的研究，概括出了历代经营西域的经验，即：中原王朝或河西地方政权都认识到西域的重要性；都采取"恩威并用"的方式经营西域；大多在西域条件较成熟的地方建立郡县。同时还总结了其教训，即：中原政权不稳定，西域统治就不稳定；封建统治者认识的局限性及错误决策，影响了对西域的治理。《吐鲁番文书所见唐西州"城主"考》一文与前文遥相呼应，利用吐鲁番文书对西州时期吐鲁番的"城主"进行了考察，可以说是中原王朝在西域条件较成熟的地方建立地方行政制度的个案探讨。该文提出"城主"一职设置于唐代，在对高昌（吐鲁番）原有郡县进行省并之后，为便于对城中居民的管理，唐王朝保留了城的建制，并设立"城主"对原有郡县城进行管理。在城主之下，还有副城主、城局、横催、里正、坊正等吏员。

从敦煌到西域，可以显现出敦煌在国际文化交流中的重要地位。虽然敦煌学主要研究敦煌文献和敦煌石窟艺术，但绝不能将其局限在敦煌一地，或作为河西地方史来看待，而要将其纳入中华文化体系，放在国际文化交流的视野下，这样才能使敦煌学发挥其应有的作用。

三、从敦煌到黑水城

敦煌与吐鲁番有着密切的联系，吐鲁番文书主要记载十六国到唐代前期的历史，敦煌文书则以晚唐五代宋初为主，它们在时代上相互衔接，内容上也有许多相似之处，故学术界一般将其合称为敦煌吐鲁番学。本刊2011年第2期曾发表过一组吐鲁番学的论文，笔者也在"主持人的话：从敦煌到西域"作了阐述。

黑水城遗址位于内蒙古自治区阿拉善盟额济纳旗达来呼布镇

东南约 35 公里的荒漠中。它原是匈奴居延部落的领地，汉代设置河西四郡后，在此地置居延县，是张掖郡的一个属县。由于此地是军事要地，还设有居延城。1930 年及以后，曾在此发现过三万多枚居延汉简。西夏立国后，在此设置黑水监军司，作为北方的军事重镇。西夏宝义元年（1226 年）蒙古大军攻破黑水城，元世祖至元二十三年（1286 年）在此设亦集乃路总管府，归甘肃行省管辖。"亦集乃"为西夏语，意为"黑水""亦集"即"水"意，"乃"即"黑"意，元朝沿用西夏旧称，仍名"亦集乃"。后世异称为"额济纳"，而蒙语称为"哈拉浩特"（意思仍是黑水城）。

黑水城文献主要是指 1908—1909 年俄国探险家科兹洛夫在黑水城遗址中发现的大批文献文物，有 8000 余件，现收藏在位于圣彼得堡的俄罗斯科学院东方文献研究所和艾尔米塔什博物馆（冬宫）。另外 1914 年斯坦因在此地发掘获取了 4000 多件，现藏于伦敦英国国家图书馆；20 世纪 80 年代内蒙古考古队发掘获得了 3000 多件。此外还有一些零星的发现。黑水城文献绝大部分是西夏文文献，此外还有许多汉文及其他民族文字的文献，是研究西夏历史文化的绝好材料。对这些文献的研究，或称为西夏学，或称为黑城学。

黑水城文献除大量西夏时期的西夏文文献、汉文文献外，还有一些宋、金时期的文献以及元代文献。基本上涵盖了 11 世纪初到 14 世纪中叶的三个多世纪。众所周知，目前发现敦煌文书最晚的有纪年文献是 1002 年写经，即 11 世纪初的北宋时期，内中没有西夏文文献。而黑水城文献在时间上正好与敦煌文献相衔接，如果再加上此前的吐鲁番文书，居延、敦煌和新疆发现的汉晋简牍，便可形成汉晋简牍—吐鲁番文书—敦煌文书—黑水城文献这样长达一千多年的古代出土文献长廊，为研究中国古代文明尤其是西部边疆的历史文化提供丰富而又鲜活的资料。

西陲汉晋简牍、吐鲁番文书、敦煌文书和黑水城文献有许多相似之处,如:它们被发现的时间都在19世纪末20世纪初;都发现在我国的西北边疆地区;都是未经后人加工改造的原始档案;除汉晋简牍外,吐鲁番文书、敦煌文书和黑水城文献的大部分都流散到了海外。

从敦煌到黑水城,还可以看到许多敦煌与西夏的联系。西夏曾统治敦煌一个多世纪(1070—1227),在敦煌历史上称之为西夏时期。虽然在藏经洞中没有西夏文文献,但在莫高窟北区发现了一些西夏文文献,另外在敦煌的土塔中也曾发现多部西夏文佛经。

莫高窟在西夏人的心目中具有崇高的地位,曾被称为"圣宫""沙州神山"。西夏曾在敦煌开凿石窟77个,其中莫高窟62个,榆林窟10个。敦煌石窟中保存的西夏壁画、题记等,都是敦煌学研究的重要内容。

莫高窟是佛教石窟,敦煌艺术是佛教艺术,西夏也是一个信奉佛教的民族,黑水城文献的主体就发现于当地的佛塔中,因此,敦煌文献与黑水城文献就具有更多的一致性或相似性,其中的联系、交叉也更为密切。本刊曾发表过《敦煌学视野下的黑水城文献研究》,最近,学者们又在《敦煌研究》上发表了《敦煌学和西夏学的关系及其研究展望》《黑水城文献:敦煌学向下延伸的承接点》等论文,专门探讨敦煌学与黑城学(西夏学)的关系。在此背景下,本期特发表一组研究黑水城文献的论文,为敦煌学研究扩大视野,为黑城学研究的深入发展添砖加瓦。盼望得到学界朋友的批评指正。

("介绍三题"分别为《南京师大学报》2009年第3期、2011年第2期、2012年第5期《敦煌学研究》专栏的"主持人的话")

漫谈陈寅恪

一、陈寅恪的家世

陈寅恪（1890—1969），江西义宁（今修水县）人。著名诗人陈三立之子，湖南巡抚陈宝箴之孙。夫人唐篔（字晓莹），是台湾巡抚唐景崧的孙女，也是一位教师，两人在清华园相识，志同道合，并于1928年在上海结婚，时年陈寅恪38岁，唐篔30岁。陈寅恪少时在南京家塾就读，在家庭环境的熏陶下，从小就能背诵四书五经，广泛阅读历史、哲学典籍。

据学术界研究，陈寅恪的祖先陈旺（唐著作佐郎陈伯宣之孙）于公元832年在庐山脚下的江州德安县太平乡常乐里开始购田置产，并在此定居。到了宋代，历经三百多年，陈氏全族多达三千九百余口，有庄田三百多处。北宋仁宗嘉祐七年（1062），官府怕陈氏"朝野太盛"，危及朝廷安全，于是下旨分庄，迁往全国72个州郡。陈寅恪的祖先便迁到福建上杭，成了客家人。到陈寅恪的六世祖陈鲲池（又名陈腾远）时，又从福建移民到江西省义宁州修水县。

　　客家人很多是从中原迁去的，最早客家人的南迁大概是在东晋时期，北方少数民族入侵中原，居住在黄河流域的汉族南迁。之后历史上每有一次动乱，就会迁来一部分人。等社会稳定了，有一部分人就回去了，但也会留下一部分。据谢重光教授研究，客家主要分布在闽粤赣三省边区。客家人自称是历史上北方南迁汉人的后裔，他主张客家人是由汉、越、蛮三种先民长期互动、融合而形成的，坚持客家人是中原汉文化在三种先民、三种文化的互动中形成的一个汉族分支。提出"客家是一个文化的概念，而不是一个血统和种族的概念"，认为客家民系的形成时间是在南宋中叶，形成时期的中心地域在闽西。（闻铮《求索二十载，甘苦寸心知——访国家社科基金项目负责人谢重光教授》，载《中国社会科学报》2013年4月3日）客家文化有几个特点：一是比较注重读书学习。因为客家人大多是出自当年世族，能在动乱年代举家动迁的，也一定是有钱人家；二是客家人住的是山区，比较穷苦。因为迁来时，好的地方已有人居住。要在恶劣的自然环境中生存下来，就一定要比较刻苦、勤快；三是有强烈的寻根意识和乡土意识，善于用血缘、亲缘、地缘等各种因素建立同宗同乡关系，因此客家人比较团结；四是有坚忍不拔的意志，有拼搏奋斗和开拓精神。（参阅有智、曙白、单泠著《亲历：回归与合并——张浚生访谈录》，浙江大学出版社2011年版，第2—3页）

　　陈寅恪的父亲陈三立（1853—1937）字伯严，一字敬原，是陈宝箴长子，与谭嗣同、徐仁铸、陶菊存并称"维新四公子"，是近代同光体诗派重要代表人物。光绪二十　年(1895)八月，其父陈宝箴任湖南巡抚，推行新政。1898年戊戌政变，与父亲一起被清廷革职。光绪二十六年（1900）四月，陈三立携家小从南昌移居南京，投奔亲家俞明震（时任江南路矿学堂总办）。六月二十六日，陈宝箧忽以微疾卒。之后陈三立更无心于仕途，将住宅取名为"散原精舍"（"精舍"即学舍；另僧道所居之所也称精舍）。年幼的陈寅恪，在散原精舍居住学习近两年（1900年4月到1902年初），接受了早期的私塾启蒙教育。

陈三立定居金陵后，虽不过问政治，但对兴办社会事业，仍极热忱。光绪二十九年（1903），他办家学一所，又赞助柳诒徵创办思益小学，让出住宅作课堂，延聘外国教师，开设英语及数、理、化学新兴课目，注重全面发展，禁止死背课文及体罚学生，创新式学校之先例。

1923年至1925年，陈三立住在杭州。1926年底，陈三立由杭州到上海寄寓三载。1929年11月，由次子隆恪夫妇陪同，登上庐山，1932年"一·二八"日军侵占上海闸北，陈三立居江西牯岭，日夕不宁，于邮局订阅航空沪报，每日阅读，见时局艰危，忧形于色。1933年其好友郑孝胥投靠日本，辅佐溥仪建立伪满政权，陈三立痛骂郑"背叛中华，自图功利"。在再版《散原精舍诗》时，愤然删去郑序，与之断交。1934年，陈三立离开庐山寓居北平，1937年，卢沟桥事变，他表示："我决不逃难！"忧愤而死，享年85岁。

二、"清华国学院四大导师"

1925年春，经外交部批准，北京清华学校创办了研究所国学门，即现在通称的"国学研究院"，并在全国范围招考第一届新生。这是中国教育界的大事。清华学校是1911年用美国退还的庚子赔款开办的一所学校，因建于清华园而得名。1911年清朝灭亡后，归北京政府外交部管理，1928年改名为清华大学。建校以来，清华教育经费比较充足，图书馆藏书丰富，学术气氛浓厚，延聘国内名师任教，多年来培养出许多优秀人才，堪称第一流学府。

清华学校认为，国学"乃指中国学术文化之全体而言"，在新旧时代更替之际，创办国学研究院，用现代科学方法，整理国学，"以研究高深学术，造就专门人才"，具体地说，国学研究院以培养和造就国学研究的专家为己任。国学研究院继承中国古代书院的传统，采纳了英国牛津等世界著名大学实行导师制的经验，在国内外广大学人中物色学富五车的第一流学者来校任教。

研究院的师资选择标准很高，吴宓表示，研究院的教授讲师"务敦请国内硕学重望"，具备三种资格：（一）通知中国学术文化之全体；（二）具正确精密之科学的治学方法；（三）稔悉欧美日本学者研究东方语言及中国文化之成绩。清华学校校长曹云祥曾请教胡适如何创办国学门，并想请胡适来清华担任研究院导师并主持研究院。胡适谦虚地表示："非一流学者，不配作研究院导师，我实在不敢当。你最好去请梁任公、王静安、章太炎三位大师，方能把研究院办好。"胡适推荐的三人中，除章太炎推辞不就外，梁启超与王国维同意移教清华。

经过清华校长曹云祥、教务长张彭春、研究院主任吴宓等人的一番筹商和严格选拔，1925年4月，著名学者梁启超、王国维和刚从美国哈佛大学归来的语言学家赵元任，以及还在德国学习的陈寅恪被聘为清华国学研究院"专任教授"。这就是人们通称的"清华国学院四大导师"。此外，人类学家李济被聘请为讲师，研究院主任吴宓管理院务。

四大导师中，资历和名望最有分量者当数梁启超。王国维则是"新史学的开山"，他的治学方法更是开一时之风气，早已享有盛名，此番可谓实至名归。赵元任以哈佛大学博士的资格，回国就聘亦无可厚非。唯有陈寅恪虽然是一位"海归"，学贯中西，有真才实学，但在当时却是一位既无博士甚至学士学位，又无一本著作，而且没有大学执教经验的留学生，此事一时传为美谈。

关于陈寅恪进入国学研究院曾有一段传奇。因为陈寅恪以无任何资历著述的后进，而与梁启超、王国维等名满天下的大师同被聘为国学研究院导师，除自身功力之外，关键在于有力人物的推荐。对于推荐者目前有三说，即梁启超、胡适、吴宓。陈哲三《陈寅恪先生轶事及其著作》持第一说："十五年春，梁先生推荐陈寅恪先生，曹（云祥）说：'他是哪一国博士？'梁答：'他不是学士，也不是博士。'曹又问：'他有没有著作？'梁答：'也没有著作。'曹说：'既不是博士，又没有著作，这就难了！'梁先生气了，说：'我梁某也没有博士学位，著作算是等身了，但总共还不如陈先生寥寥数百字有价值。好吧，你不请，就让他在国外吧！'接着梁先生提出了柏林大学、巴黎大学几位名教授对陈寅恪先生的推誉。曹一听，既然外国人都推崇，就请。"

梁启超在这里所说的"寥寥数百字"是有所指的。这就是指陈寅恪于1923年在柏林求学期间，写给其妹的一封购书信，即《与妹书》，信中云：

> 我前见中国报纸告白，商务印书馆重印日本刻《大藏经》出售，其预约券价约四五百元。他日恐不易得，即有，恐价亦更贵。不知何处能代我筹借一笔款，为购此书。因我现必需之书甚多，总价约万金。最要者即西藏文正续《藏》两部，及日本印中文正续《大藏》，其他零星字典及西洋类书百种而已。若不得之，则不能求学，我之久在外国，一半因外国图书馆藏有此项书籍，一归中国，非但不能再研究，并将初着手之学亦弃之矣。我现甚欲筹得一宗巨款购书，购就即归

国。此款此时何能得，只可空想，岂不可怜。我前年在美洲写一信与甘肃宁夏道尹，托其购藏文《大藏》一部，此信不知能达否。即能达，所费太多，渠知我穷，不付现钱，亦不肯代垫也。西藏文《藏经》，多龙树、马鸣著作而中国未译者。即已译者，亦可对勘异同。我今学藏文甚有兴趣，因藏文与中文，系同一系文字。如梵文之与希腊、拉丁及英、俄、德、法等之同属一系。以此之故，音韵训诂上，大有发明。因藏文数千年已用梵音字母拼写，其变迁源流，较中文为明显。如以西洋语言科学之法，为中藏文比较之学，则成效当较乾嘉诸老，更上一层。然此非我所注意也。我所注意者有二：一历史（唐史、西夏），西藏即吐蕃，藏文之关系不待言。一佛教，大乘经典，印度极少，新疆出土者亦零碎。及小乘律之类，与佛教史有关者多。中国所译，又颇难解。我偶取《金刚经》对勘一过，其注解自晋唐起至俞曲园止，其间数十百家，误解不知其数。我以为除印度西域外国人外，中国人则晋朝、唐朝和尚能通梵文，当能得正确之解，其余多是望文生义，不足道也。隋智者大师天台宗之祖师，其解悉檀二字，错得可笑（见《法华玄义》）。好在台宗乃儒家五经正义二疏之体，说佛经，与禅宗之自成一派，与印度无关者相同，亦不要紧也。（禅宗自谓由迦叶传心，系据《护法因缘传》。现此书已证明为伪造，达磨之说我甚疑之。）旧藏文既一时不能得，中国《大藏》，吾颇不欲失此机会，惟无可如何耳。又蒙古、满洲、回文书，我皆欲得。可寄此函至北京，如北京有满、蒙、回、藏文书，价廉者，请大哥五哥代我收购，久后恐益难得矣。

这封书信除了要求购书外，更多是在谈论学术，所涉内容之深奥广博，若不专门研习此项学问者，难知其所言与所以言。此信被当时主持《学衡》杂志的吴宓得知，于这年八月的第二十期以"与妹书"为题转载并轰动学界。梁启超就是通过《学衡》看到了这封信，并为陈氏之博学所倾倒，于是便有了一年之后清华园著名的"梁曹对"。正是由于这次对话，加之胡适、吴宓的推荐，没有学位和著作、时年37岁的陈寅恪，才以导师的资格进了水木清华，开始了其传道、授业、解惑的"师者"生涯。

牟润孙在《发展学术与延揽人才——陈援庵先生的学人风度》一文称："清华办国学研究院请胡适去主持，胡适推辞了，却举荐章太炎、梁任公、王静庵、陈寅恪四位先生。四个人之中，大约只梁任公与胡氏有来往，其余三人对胡不仅没有交谊，而且论政论学的意见都相去很远，而胡适之推荐了他们。在当时社会上，章、梁二人名气最高；静庵先生虽已有著作出版，一般人很多对他缺乏认识；寅恪先生更是寂寂无名，也未曾有一篇著作问世。如果以高级学位为审查标准，四位先生无一能入选。若凭著作，寅恪先生必被摈诸门外。胡先生这次推荐，虽遭太炎先生拒绝，梁、王、陈三先生则都俯就了，……胡适之援引学人与蔡孑民似乎不同。他介绍陈寅恪到清华研究院，请钱穆教北大本科，他的尺度的确掌握得很有分寸。"在此之前，牟氏说得较笼统，但有推测性分析："听说清华想办国学研究院，去请教胡适，胡推荐这几个人给清华。分析起来，一是因为北大没有钱，清华则经费充足，所以清华能请而北大不能请。二是北大原有教员结成势力，很排挤新人。陈垣靠沈兼士之力进入研究所国学门，而不能在本科作专任教授，就是一个证明。三是胡适对于梁启超，可能认为他对青年还有号召力，何况梁启超也很捧胡。对王国维，则认为金文、甲骨文是一门新兴的学问，而王氏造诣很高。对陈寅恪，则因陈是出洋留过学，真正懂得西方'汉学'那一套方法的。"

至于吴宓说，见其自编年谱："(民国十四年元月) 清华国学研究院开始筹备，宓为主任。……研究院教授四位，已定王国维、梁启超、赵元任。宓特荐陈寅恪。"吴宓在美国哈佛大学留学期间，与当时同在哈佛留学的陈寅恪有过比较密切的交往，对陈寅恪的渊博学识有较为全面而深入的了解，对他非常钦佩。正是这种了解和钦佩，构成了吴宓后来推荐陈寅恪的原始动因。吴宓回国后，受命主持清华国学研究院，聘请导师，因而他向校方大力推荐陈寅恪，要求破格聘用。

应该说，三说都有可能，并不一定要找唯一的一个答案，也没有唯一，而可能是三者共同的推荐努力，才使没有文凭、没有著作的陈寅恪成了清华国学研究院的四大导师之一。因为当年作为清华国学研究院筹备处主任的吴宓，在推荐陈寅恪的同时，还推荐了当时在学术界已是名流俊杰的柳诒徵、汤用彤等人。

1926 年 1 月，陈寅恪从法国马赛登船，2 月抵达上海。想着病中的父亲陈三立，陈寅恪迫不及待地赶往杭州。侍奉父亲养病之余，他也为到国学研究院授课作了充分的准备。至 6 月，陈三立已基本康复，陈寅恪辞别父兄，到清华学校报到。

7 月 7 日，陈寅恪抵达北京。吴宓进城拜望。旧友在京城重逢，格外高兴，吴宓当即赋诗，以"独步羡君成绝学"之句称赞老友的学问。第二天，在吴宓的陪同下，陈寅恪到了清华园，并拜访了赵元任、曹云祥、王国维等人。吴宓安排陈寅恪与陈垣相识。两位学界泰斗的相识与欢聚，开始了两人尔后数十年的学术交往和友谊。

据戴家祥先生 1989 年 2 月 27 日致李济之子李光谟信知：当时清华研究院有"教授四人，月薪每人四百元，各有工作室一间，助教一名。先公（李济）是讲师，拿百元工资，外加美国弗利尔艺术馆给的三百元，与其他四位教授的收入持平。也配备一间工作室，一名助教是前届毕业生王庸（字以中）……1927年王老师（王国维）自沉身亡。1928年初冬研究院同学会更选：宋玉嘉为会长，吴其昌副之，我被选为文书，姚名达任会计；并决定为王老师立碑纪念。梁任公捐资五百元，陈寅恪师二百元，马叔平讲师一百元，校长严鹤龄二十元，温应星一百元，李老师二十元，林宰平讲师二十元。助教赵万里、浦江清、王庸各二十元。同学认捐的：毕相辉二十元，陈漱石二十元，高镜澄认捐二十元但是没有交款。黄淬伯、赵邦彦、姜亮夫也交了钱。后来由陈老师撰文、马叔平书丹，竖立于清华园。当时只有赵元任和助教杨某（赵师母的内侄）一文不名，他们是另有看法的"。（戴家祥《致李光谟》〔1989年2月27日〕，见李光谟编《李济与清华》，清华大学出版社1994年版，第169、172页）

位于中山大学内的陈寅恪故居

1958 年后，陈寅恪将兴趣转向明清易代之际的历史人物，其学术风格也偏向于文学与史学之间，写出了大部头的《柳如是别传》，对歌伎柳如是大加颂扬。并因欣赏柳如是的《金明池·咏寒柳》词，将自己的书斋起名为"金明馆"，将计划写作的回忆录起名为《寒柳堂集》。也有人认为，因陈寅恪晚年将全部精力都用在明末清初的历史上，而清朝入关前称后金。所以，陈寅恪将自己的居所称之为"金明馆"。

柳如是《金明池·咏寒柳》：

> 有恨寒潮，无情残照，正是萧萧南浦。更吹起，霜条孤影。还记得，旧时飞絮。况晚来，烟浪斜阳，见行客，特地瘦腰如舞。总一种凄凉，十分憔悴，尚有燕台佳句。

> 春日酿成秋日雨，念畴昔风流，暗伤如许。纵饶有，绕堤画舸，冷落尽，水云犹故。忆从前，一点东风，几隔着重帘，眉儿愁苦。待约个梅魂，黄昏月淡，与伊深怜低语。

三、陈寅恪的幽默

陈寅恪虽然不苟言笑，十分类似于一生拘谨的王国维，但是，他并不缺少诙谐风趣的细胞。一次，陈寅恪对学生幽默地说，他有副对联送给学生们：

> 南海圣人再传弟子；
> 大清皇帝同学少年。

然后解释道：现任研究院导师梁启超是"南海圣人"康有为的学生，所以各位同学可谓是"南海圣人再传弟子"；王国维在清宫教过已退位的宣统皇帝溥仪，任过"南书房行走"的虚衔，所以大家又和大清皇帝是同学。在座的学生们一听哄堂大笑起来，气氛非常活跃。

又一次，1928年，清华新任校长罗家伦去看望陈寅恪。当时几位学生正在他家请教问题。罗家伦把自己编的《科学与玄学》一书赠送给陈。由于陈和罗家伦在柏林留学时就是同学，他经巴黎转马赛回国时，还于1926年1月在巴黎过访了罗家伦，二人很熟，所以他立即戏拟一副对联回赠：

> 不通家法科学玄学；
>
> 语无伦次中文西文。
>
> 　横批：儒将风流。

将新校长的大名、所赠的书名和北伐军中官拜少将的罗家伦不久前娶了个漂亮太太的事实，天衣无缝地嵌入联中。罗家伦和在座的学生大笑不已，无不为他横溢的才华而赞叹。

1932年夏，清华大学中文系招收新生。陈寅恪应系主任刘文典（叔雅）之邀出考题。不料他出的题目非常简单。考题除了一篇命题作文，最奇怪的是只要求考生对个对子，而对子的上联，又仅有三个字"孙行者"，陈寅恪拟定的标准答案是"胡适之"。"盖猢狲乃猿猴，而'行者'与'适之'意义音韵皆可相对，此不过一时故作狡狯耳。又正反合之说，当时惟冯友兰君一人能通解者。盖冯君熟研西洋哲学，复新游苏联返国故也。"（陈寅恪《书信集》，生活·读书·新知三联书店2001年版，第166页）

当时参加考试，后来成了北京大学中文系教授的周祖谟先生和中国社科院历史所的张政烺先生回答的都是"胡适之"。据张政烺先生后来说："'胡适之'并不好，'胡'与'孙'字不仅不合平仄，而且字义也牵强，后来经过揣摩，觉得以'祖冲之'相对才好，祖和孙无论是字义还是平仄都相合。"（许树安《一生沉浸在做学问之中——缅怀恩师张政烺先生》，载《中国社会科学报》2011年1月13日）

用"对对子"这样的文字游戏，来作为堂堂清华大学的招生试题，当时很多人还是难以理解，也有人误以为这是以旧学的看家本领向新文化挑战。陈寅恪为此专门有《与刘叔雅论国文试题书》以解其义。

1932年8月17日陈寅恪给傅斯年的信中说：

> 中国对子与中国语之特点最有关，盖所谓文法者，即就其语言之特点归纳一通则之谓，今印欧系格义式马氏文通之文法，既不能用，舍与中国语特点最有关之对子，而更用何最简之法以测验学生国文文法乎？以公当知此意，其余之人，皆弟所不屑与之言比较语言文法学者，故亦暂不谈也。此说甚长，弟拟清华开学时演说，其词另载于报纸。总之，今日之议论我者，皆痴人说梦、不学无术之徒，未曾梦见世界上有藏缅系比较文法学，及印欧系文法不能适用于中国语言者，因彼等不知有此种语言统系存在，及西洋文法亦有遗传习惯不合于论理，非中国文法之所应取法者也。弟意本欲藉此以说明此意于中国学界，使人略明中国语言地位。将马氏文通之谬说一扫，而改良中学之课程。明年清华若仍由弟出试题，则不但仍出对子，且只出对子一种，盖即以对子作国文文法测验也。（陈寅恪《书信集》，第42—43页）

四、"恪"字的读音

据刘经富《谈陈寅恪的"恪"字读音》(《文史知识》2009年第6期)介绍,按照陈寅恪祖父陈宝箴所修族谱,其儿子辈属"三",孙子辈则为"恪"。光绪十六年(1890)庚寅五月十七日寅时,陈宝箴的六孙在长沙出生,因生在寅年寅时,故名寅恪。

陈寅恪先生去世还不足50年,但对其名字的音读,已经出现了一些争议,有的人甚至扬言:陈寅恪之"恪""读成que是误读"。实际上这是知其一而不知其二了。

陈先生的夫人、女儿和学生、助手如刘节、周一良、季羡林、王永兴、石泉、李涵、胡守为诸教授,他们都念"que"。中山大学的一些老人还亲眼见过当年有人念陈先生名字时把"恪"念成"ke",陈夫人唐篔还纠正说"恪"字要念"que"。陈寅恪女儿陈美延说,她在北平上小学时起,在填学籍报家长名时就读"que(却)"。陈寅恪的夫人唐篔、助手黄萱,亲戚朋友俞大维、曾昭抡、傅斯年也都这样读。

杨步伟、赵元任刚开始记陈先生的英文名字时记作"Y.C.Chen",后来看到陈先生自己用的拼法时才改写作"Yinko Tschen",可见他们平时与陈先生交往时也念"que"。中山大学历史系程美宝教授在英国牛津大学查阅到一些有关陈寅恪教授的档案,中有胡适用英文写给牛津大学推荐陈寅恪任教的信件,信的开头就是"Professor Ying-ch'iuh Ch'en…"(陈寅恪教授);伦敦大学中国艺术和考古学教授颜慈(Perceval Yetts)致牛津大学的信件也称"Professor Chen Yin-chieh",并且说明"'Chen Yin-chieh'的写法,是以往通讯中的写法"。所以起码在口语上念陈先生名字时

"恪"念"que"应该是可以肯定的。陈先生的学生王永兴教授曾解释，陈寅恪先祖原居福建上杭，属客家系统。其六世祖始由闽入赣，落户义宁。客家人习惯，"恪"读"que"。义宁陈氏一直保持客家传统，故陈氏昆仲名中的"恪"字均读"que"。

曾在中山大学听过陈寅恪先生"元白诗证史"选修课的蔡鸿生先生明确指出："《辞海》早就解释：'恪'（ke 课，旧读 que）'谨慎；恭敬'。陈家为何采用旧读呢？陈先生祖籍江西修水，流行客家方言……尽管口语采用旧读，但拼写外文时，寅恪先生仍按正读之音，英语作 Yinke，德语作 Yinkoh。"（蔡鸿生《仰望陈寅恪》，中华书局 2004 年版，第 98 页）

也有学者如刘经富先生认为，"恪"读"que"并不是因为客家人的原因，而是北京话的方音。

既然所谓的"误读"出自陈家和陈门子弟，肯定有它的道理。

按照商务印书馆出版的《现代汉语词典》（2002 年增补本），"恪"应读作"克"（拼音：kè）。少数辞典曾收入"que"这个读音，如商务印书馆于 1915 年出版的《辞源》第 21 页，其"恪"字条下的注音是："可赫切（即 ke），亦读如却（即 que）。"1937 年商务版《国语辞典》第 599 页也收有恪的两个读音。1979 年上海辞书版《辞海》第 869 页注音为：恪（ke 课，旧读 que 却）。1985 年 12 月，在由国家语委、国家教委、广电部联合发表的《普通话异读词审音表》中，则明确规定："恪"统读为 ke。这当然是国家认定的标准读法，但并不妨碍我们在口语上读到陈寅恪先生的名字时按照习惯仍读"que"。

由以上所述可知，"恪"应读"que 却"。但"恪"读"ke 课"或"que 却"有时可以混淆。有人认为陈寅恪在出国或国外时，从没有将自己的名字写成"que"音。诸如：1、1911 年，陈寅恪在瑞士苏黎世留学，注册上标音是"Chen Yinke"；2、1919—1920 年，陈寅恪在美国哈佛大学留学，学生名册上标音为"Chen Yinke"；3、1921 年，在柏林大学新生登记册上，登记自己名字为"Tschen Yin Koh"；4、1925 年，陈寅恪在柏林大学学生肄业证上，登记自己名字为"Tschen Yin Koh"；5、1936 年，陈寅恪在哈佛《亚洲学报》发表两篇英文论文，署名"Tschen Yinkoh"；6、1940 年 5 月，陈寅恪在写给牛津大学的英文信中，亲书自己姓名为"Tschen Yin Koh"；7、1946 年 3 月，陈夫人唐篔写给傅斯年信中抄示陈寅恪在英国通讯处标音为"Chen Yin Ke"；8、1956 年中山大学《本校专家调查表》上，陈寅恪填写自己名字的外文名为"Yin Koh Tschen"（德文拼音）及"Chen Yin Koh"（英文拼音）。

实际上，这是陈寅恪为了出国办手续方便而填写的，你总不能给领事馆的先生们解释"恪"可以读"que 却"吧！

这些都很明白地说明"恪"字的读音问题，证明深通语言学的陈寅恪先生也认为"恪"字的标准读音应为"ke"，但因为乡音等原因在日常生活口语中读到陈先生的名字时则习惯念"que"。

五、陈寅恪懂多少国文字？

《石泉访谈录》说：听陈师母说过，陈师幼年在湖南时，只有八九岁。祖父宝箴会客，随侍在旁静听。客走后，谈过的话，别人都记不得了，陈师照述无遗。陈师母还说过，陈师从小看书，只看一遍，就能背诵，对新旧《唐书》尤其熟。

陈寅恪在留学期间，勤奋学习、积蓄各方面的知识而且具备了阅读蒙、藏、满、日、梵、英、法、德和巴利、波斯、突厥、西夏、拉丁、希腊等十几种语文的能力，尤以梵文和巴利文为精。文字是研究史学的工具，他国学基础深厚，国史精熟，又大量吸取西方文化，故其见解，多为国内外学人所推重。

1924 年 3 月 12 日，姚从吾从柏林给老师朱希祖写信时，谈到了陈寅恪学习、掌握外语的情况："陈君寅恪，江西人，习语言学，能畅读日、英、法、德文，并通希伯来、拉丁、土耳其、西夏、蒙古、西藏、满洲等十余种文字。近专攻比邻中国各民族之语言，尤致力于西藏文。印度经典，中土未全译或译者，西藏文多已译出。印度经典散亡，西洋学者治印度学者，多依据中国人之记载。实在重要部分，多存在西藏文书中，就中间涉及文学、美术者亦甚多。陈君欲依据西人最近编著之西藏文书目录，从事翻译，此实学术界之伟业。"（此信发表于 1924 年 5 月 9 日出版的《北京大学日刊》，此据卞僧慧《陈寅恪先生年谱长编》，中华书局 2010 年版，第 85 页）

季羡林通过对陈寅恪读书笔记的学习，得知陈寅恪曾学习过多种语言文字，"专就外族和外国语言而论，数目就大得可观。英文、德文、法文、俄文等等，算是工具语言。梵文、巴利文、印度古代俗语、藏文、蒙文、西夏文、满文、新疆现代语言、新疆古代语言、伊朗古代语言、古希伯来语等等，算是研究对象语言。陈先生对于这些语言都下过深浅不同的功夫。还有一些语言，他也涉猎过，或至少注意到了，比如印地语、尼泊尔语等等。专从笔记本的数量和内容来看，先生致力最勤的是中亚、新疆一带历史、语言和文化的研究，以及藏文研究和蒙文研究。"（季羡林《从学习笔记本看陈寅恪先生的治学范围和途径》，原载《纪念陈寅恪教授国际学术讨论会文集》，中山大学出版社 1989 年版，此据张杰、杨燕丽选编《追忆陈寅恪》，社会科学文献出版社 1999 年版，第 144 页）

陈寅恪"前后访学深造于欧美诸学府达十七年之久，主要是为了研习各国语言文字，掌握做学问的工具。晚清学术界盛行研究西北地理和中西交通史之风，而学者大都凭借转手材料，由于语言文字的障碍不能阅读原典。鉴于此，寅恪先生早年倾注大量精力用来学习与之有关的梵文、巴利文、满文、蒙文、藏文、突厥文、西夏文等已死或使用率很低的稀有文字，甚至包括中波斯文和匈牙利的马札儿文，更不用说英、法、德、日、俄、希腊等语种了"。（刘梦溪《陈寅恪的学说》，生活书店出版有限公司 2014 年版，第29 页）

据以上姚从吾、石泉、季羡林、刘梦溪等先生的所见所闻和研究可知，陈寅恪先生绝对是一位语言学天才，能够阅读日、英、法、德、俄文等通用语言，并有阅读蒙、藏、满、梵和巴利、波斯、突厥、西夏、拉丁、希腊等十几种民族语言或死文字（即今天不再使用的文字）的能力，尤以梵文和巴利文为精，具有从事历史比较语言学的能力和优势。

当然，对陈寅恪的语言能力，也有不同看法，如任继愈先生说陈寅恪的"外文，说是好几种，真正好的，只有德语。其他几种，能读，不能说"。"现在对陈先生的赞扬是有点过分了。……西南联大的时候，我和他住一个楼，从未和他来往，也未向他请教。有一天晚上，邓广铭和另一位先生在楼下，讨论一个问题，声音很大。此时陈先生刚睡下，听得楼下有人大声喧哗，非常生气，就用他的拐杖使劲敲打地板。邓先生他们就不再讨论，顿时鸦雀无声。"（张国风《任继愈先生漫谈录》，《中华读书报》2016 年 4 月 13 日）

由于任继愈先生并不涉猎陈寅恪所从事的专业，也"从未和他来往，也未向他请教"，其所说又没有提供任何根据，目前也没有材料可以证明，只能聊备于此。

六、陈寅恪的自由主义精神

20世纪80年代属于思想的时代，到了90年代，中国学术界"思想淡出，学术凸显"，陈寅恪、王国维、傅斯年等"国学大师"一度成为新的学术偶像。如果说，王国维、傅斯年的被重新挖掘标志着学界从重思想到重学术、从重义理到重考据这一重要变迁进程的完成。那么，陈寅恪的凸显可能更重要的是因为其独立之精神和自由之思想。

当许多人都在谈陈寅恪时，我们不禁要问：真正读了陈先生著作的有几人？读懂的更有几人？如果说许多谈论者连陈先生的著作都读不懂，或者说根本没有读。那为何要谈陈寅恪呢？又从何谈起呢？这就涉及了陈寅恪的自由主义精神。

从90年代中期开始，学术界问题多多，官本位、奖金津贴、学术腐败、学风日下、学人失去了尊严等等。在这种情况下，人们就更怀念那一个时代、那一代人。陈寅恪由于特殊的际遇被作为偶像来崇拜。崇拜的并不是其学问，而是他的独立之精神和自由之思想。

清华第一教室楼北端后山之麓，有一座庄严肃穆的纪念碑，正面端书"海宁王静安先生纪念碑"，这是为纪念王国维先生而建。

1927年6月2日，王国维自沉于昆明湖，清华痛失名师，全校师生痛悼。陈寅恪哀悼"敢将私谊哭斯人，文化神州丧一身"。王力挽诗有"海内大师谁称首？海宁王公驰名久"。

1929年夏，清华国学院停办，该院师生为纪念这位杰出的学者，募款修造了这座纪念碑。陈寅恪撰写碑文，梁思成拟定碑式，林志钧书丹，马衡篆额。纪念碑文语意深长，为一时杰作。其文曰：

海宁王先生自沉后二年，清华研究院同人咸怀思不能自已。其弟子受先生之陶冶煦育者有年，尤思有以永其念。佥曰，宜铭之贞珉，以昭示于无竟。因以刻石之词命寅恪，数辞不获已，谨举先生之志事，以普告天下后世。其词曰：

士之读书治学，盖将以脱心志于俗谛之桎梏，真理因得以发扬。思想而不自由，毋宁死耳。斯古今仁圣所同殉之精义，夫岂庸鄙之敢望？先生以一死见其独立自由之意志，非所论于一人之恩怨，一姓之兴亡。呜呼！树兹石于讲舍，系哀思而不忘。表哲人之奇节，诉真宰之茫茫。来世不可知者也，先生之著述，或有时而不章。先生之学说，或有时而可商。惟此独立之精神，自由之思想，历千万祀，与天壤而同久，共三光而永光。

中华民国十八年六月三日二周年忌日 国立清华大学研究院师生敬立

（节选自《清华大学王观堂先生纪念碑铭》，见《金明馆丛稿二编》，上海古籍出版社 1982 年版，第 218 页）

1953 年 10 月中国科学院准备设立三个历史研究所，其中两个所以及所长的名单为：一所（上古史研究所）所长郭沫若；三所（近代史研究所）所长范文澜。

中国科学院在酝酿成立历史研究第二所时，曾拟请陈寅恪担任所长，并于 1953 年 11 月下旬派曾做过陈寅恪助教的北京大学历史系副教授汪籛带上郭沫若院长和李四光副院长的两封信到广州中山大学面见陈寅恪，这就有了影响巨大的陈寅恪《对科学院的答复》：

我的思想，我的主张完全见于我所写的王国维纪念碑中。

王国维死后，学生刘节等请我撰文纪念。当时正值国民党统一时，立碑时间有年月可查。在当时，清华校长是罗家伦，他是二陈（CC）派去的，众所周知。我当时是清华研究院导师，认为王国维是近世学术界最主要的人物，故撰文来昭示天下后世研究学问的人，特别是研究史学的人。我认为研究学术，最主要的是要具有自由的意志和独立的精神。所以我说"士之读书治学，盖将以脱心志于俗谛之桎梏"。"俗谛"在当时即指三民主义而言。必须脱掉"俗谛之桎梏"，真理才能发挥，受"俗谛之桎梏"，没有自由思想，没有独立精神，即不能发扬真理，即不能研究学术。学说有无错误，这是可以商量的，我对于王国维即是如此。王国维的学说中，也有错的，如关于蒙古史上的一些问题，我认为就可以商量。我的学说也有错误，也可以商量，个人之间的争吵，不必芥蒂。我、你都应该如此。我写王国维诗，中间骂了梁任公，给梁任公看，梁任公只笑了一笑，不以为芥蒂。我对胡适也骂过。但对于独立精神，自由思想，我认为是最重要的，所以我说"唯此独立之精神，自由之思想，历千万祀与天壤而同久，共三光而永光"。我认为王国维之死，不关与罗振玉之恩怨，不关满清之灭亡，其一死乃以见其独立自由之意志。独立精神和自由意志是必须争的，且须以生死力争。正如词文所示，"思想而不自由，毋宁死耳。斯古今仁贤所同殉之精义，夫岂庸鄙之敢望。"一切都是小事，惟此是大事。碑文中所持之宗旨，至今并未改易。

我决不反对现在政权，在宣统三年时就在瑞士读过《资本论》原文。但是我认为不能先存马列主义的见解，再研究学术。我要请的人，要带的徒弟都要有自由思想，独立精神。不是这样，即不是我的学生。你以前的看法是否和我相同我不知道，但现在不同了，你已不是我的学生了。所有周一良也好，王永兴也好，从我之说即是我的学生，否则即不是。将来我要带徒弟，也是如此。

因此，我提出第一条："允许中古史研究所不宗奉马列主义，并不学习政治。"其意就在不要有桎梏，不要先有马列主义的见解，再研究学术，也不要学政治。不止我一人要如此，我要全部的人都如此。我从来不谈政治，与政治决无连涉，和任何党派没有关系。怎样调查，也只是这样。

因此，我又提出第二条："请毛公或刘公给一允许证明书，以作挡箭牌。"其意是毛公是政治上的最高当局，刘少奇是党的最高负责人。我认为最高当局也应和我有同样看法，应从我之说，否则，就谈不到学术研究。

至如实际情形，则一动不如一静，我提出的条件，科学院接受也不好，不接受也不好。两难。我在广州很安静，做我的研究工作，无此两难。去北京则有此两难。动也有困难。我自己身体不好，患高血压，太太又病，心脏扩大，昨天还吐血。

你要把我的意见不多也不少地带到科学院。碑文你带去给郭沫若看。郭沫若在日本曾看到我的〔挽〕王国维诗。碑是否还在，我不知道。如果做得不好，可以打掉，请郭沫若来做，也许更好。郭沫若是甲骨文专家，是"四堂"之一，也许更懂得王国维的学说。那么我就做韩愈，郭沫若就做段文昌，如果有人再做诗，他就做李商隐也很好。我〔写〕的碑文已流传出去，不会湮没。（陈寅恪口述，汪籛记录，1953 年 12 月 1 日。副本存中山大学档案馆。此据陈寅恪《讲义及杂稿》，生活·读书·新知三联书店 2002 年版，第 463—465 页）

在《答复》中，陈寅恪对汪籛说："你以前的看法是否和我相同我不知道，但现在不同了，你已不是我的学生了。所有周一良也好，王永兴也好，从我之说即是我的学生，否则即不是。"

汪籛的研究生胡戟先生专门有《汪籛之死》（载《历史学家茶座》2009年第4期），对其师有比较详细的介绍，同时他还在《被"逐出师门"以后的汪籛

《陈寅恪与二十世纪中国学术》

先生》（胡戟《试述陈寅恪先生对士族等问题的开拓性研究》之《附言：被"逐出师门"以后的汪籛先生》，载中山大学历史系编《陈寅恪与二十世纪中国学术》，浙江人民出版社2000年版，第37—40页）中提供了许多新的材料："那时汪先生常和我讲起先生的许多故事，诸如1948年策划南北朝划江而治时，美蒋想以先生为首在南方创立岭南学派和北方对抗；如1950年中苏领导人在莫斯科谈判友好互助同盟条约时，斯大林询问先生的近况引起毛泽东、周恩来对先生的关注。"

陈寅恪上课的阳台

关于汪篯赴广州请陈先生之事，胡戟记述说："汪先生也谈到了1953年的那件事，说他是自告奋勇主动要去的，自以为有把握把先生请来北京，结果是苦笑着说没想到碰了壁。"胡戟认为，汪先生去广州时，作为一个37岁的青年，对许多事是似懂非懂，甚至不懂，所以在1959年被扣上了右倾机会主义的帽子。"汪先生告诉我，经过1959年的批判，他从一个体重一百五六十斤的大胖子变成现在这样一身病。看他当时瘦得弱不禁风的样子，我猜大概不够一百斤了。一次运动掉五六十斤肉，使我好像明白了一点什么叫政治。最后汪先生以自杀结束了自己年仅50岁的生命。""他是'文化大革命'开始后北京大学第一个自杀者。"

而周一良则认为是自己"曲学阿世"才为陈寅恪先生所不容，所以在1999年中山大学主办的纪念陈寅恪先生的会上专门有《向陈先生请罪》（载《陈寅恪与二十世纪中国学术》，第8—12页）的发言，谈了他 1958 年奉命批判陈寅恪的史实。1958 年北大历史系总支组织批判史学界的种种思潮，"分配给我的批判题目就是陈寅恪的史学思想。我 1956 年入党，由于反右斗争，迟了一年才转正。1958 年正是锻炼党性，不讲价钱，党指向哪里就打向哪里的时候。这个时候，我接受了任务，丝毫没有考虑，也没有任何顾虑，完全没有考虑到自己马克思主义水平究竟如何，能不能批判得了，批判陈寅恪先生对陈寅恪先生将发生什么样的影响，陈先生如果知道我批倒他，又有什么想法，以及将来如何面对陈先生等等，这些问题都一概不在考虑之列"。"可能因为只是上纲上线，而没有批倒陈寅恪先生的论点内容"，所以《光明日报·史学副刊》"没有登我的文章""不然的话，我早已成了金应熙第二，被陈先生处以破门之罚，拒之大门之外了"。

周一良是陈寅恪的得意门生，1944 年 9 月，陈寅恪在《史语所集刊》第十一本第一分发表的《魏书司马叡传江东民族条释证及推论》时前面加了一段按语：

> 卢沟桥事变前寅恪寓北平清华园，周一良君自南京鸡鸣寺往复通函，讨论南朝疆域内民族问题，其后周君著一论文，题曰：《南朝境内之各种人及政府对待之政策》，载于中央研究院《历史语言研究所集刊》第七本第四分者是也。此文寅恪初未及见，数年之后流转至香港，始获读之，深为倾服。寅恪往岁读南北朝史，关于民族问题，偶有所见，辄识于书册之眉端，前后积至如干条，而道经越南，途中遗失，然旧所记者多为周文所已言，且周文之精审更胜于曩日之鄙见，故旧稿之失殊不足惜。惟忆有数事，大抵无关宏旨，或属可疑性质，殆为周君所不取，因而未载入其文者，旅中无憀，随笔录之，以成此篇，实窃用道家人弃我取之义，非敢谓足

魏書司馬叡傳江東民族條釋證及推論

陳　寅　恪

盧溝橋事變前寅恪寓北平清華園，周一良君自南京雞鳴寺往復通函，討論南朝疆域內民族問題，其後周君著一論文，題曰：南朝境內之各種人及政府對待之政策，載於中央研究院歷史語言研究所集刊第七本第四分著是也。　此文寅恪初未及見，數年之後流轉至香港，始獲讀之，深爲傾服。寅恪往歲讀南北朝史，關於民族問題，偶有所見，輒識於書冊之眉端，前後積至如干條，而迫經越南，途中遺失，然舊所記稿多爲周文所已言，且周文之精審更勝於曩日之鄙見，故舊稿之失殊不足惜。　惟憶有數事，大抵無關宏旨，或屬可疑性實，殆爲周君所不取，因而未載入其文者，旅中無憀，隨筆錄之，以成此篇，實竊用道家人棄我取之義，非敢訾議是以補周文之闕遺也。　噫！當與周君往復商討之時，猶能從容閒暇，析疑論學，此日回思，可謂太平盛世，今期巨浸稽天，莫知所屆，周君又遠適北美，書郵阻隔，商榷無從，搁管和噤，不禁涕泗之滋然也。　一千九百四十二年九月九日陳寅恪記於桂林良豐雁山別墅。

（上）釋　證

貉　子

魏書玖陸僭晉司馬叡傳云：

中原冠帶呼江東之人皆爲貉子，若狐貉類云：巴、蜀、蠻、獠、谿、俚、楚、越，鳥聲禽語，言語不同，猴、蛇、魚、鼈，嗜欲皆異，江山遼闊，將數千里，稱霸廬而已，未能制服其民。

—— 1 ——

《史语所集刊》上陈寅恪提到周一良的文章

112

以补周文之阙遗也。噫！当与周君往复商讨之时，犹能从容闲暇，析疑论学，此日回思，可谓太平盛世，今则巨浸稽天，莫知所届，周君又远适北美，书邮阻隔，商榷无从，搁管和墨，不禁涕泗之滂然也。一千九百四十二年九月九日陈寅恪记于桂林良丰雁山别墅。

周一良先生告诉汪荣祖先生说，当他在哈佛读到这段文字时，十分感动。(汪荣祖《长使书生泪满襟——悼念周一良先生》，见周启锐编《载物集：周一良先生的学术与人生》，清华大学出版社2003年版，第47页)

后来上海古籍出版社出版《陈寅恪文集》时，删除了此"按语"(2001年生活·读书·新知三联书店版《金明馆丛稿初编》也未收此按语)。周一良于1989年5月11日给汪荣祖的信中是这样理解的：

逯(耀东)文中提及陈先生论司马睿传文，涉及弟当年在北极阁下通函请益事。弟初读时尚在剑桥，颇为感动。蒋先生编全集时，此节删去，鄙意决非蒋先生随意为之，当是寅老认为弟解放以后，曲学阿世，颇为遗憾，故略去此节。寅老用心，弟完全理解。而弟对寅老之崇敬及感情，自信丝毫未因此而存任何改变，荣祖兄在广州会上聆弟发言，当信此言之不诬也。知人论世贵在理解与谅解，不知以为然否？(汪荣祖《长使书生泪满襟——悼念周一良先生》，见周启锐编《载物集：周一良先生的学术与人生》第48页)

陈寅恪先生在《对科学院的答复》中，拒绝北上，其中的缘由已有许多评说，郑克晟先生在《陈寅恪与郑天挺》(载《陈寅恪与二十世纪中国学术》，第750页)一文中，公布了一封1953年12月6日向达致郑天挺的信，从另一个视角提供了陈寅恪拒绝北上的原因。函云：

> 毅生先生左右：

> 上月科学院派汪篯去广州，邀请寅恪先生北上。不料汪君抵粤后语言不慎，以致寅恪先生大怒，血压增高。最近致书锡予（汤用彤）、心恒（邵循正）、（周）一良先生及弟，痛斥汪君，大发牢骚。其致弟及一良函末，并属将情形特告先生（指郑），而陈师母另函又谓不必将函转陈。锡予先生亦同此意，谓如此可以不致广为宣扬，云云。其实陈先生致汤、邵、周及弟共二函，俱已原件交科学院矣。用陈梗概，尚祈察鉴，幸甚！幸甚！敬颂

> 道安！

弟向达谨上　十二月六日

由此可知，"汪君抵粤后语言不慎，以致寅恪先生大怒"，也是陈寅恪拒绝北上出任所长的原因之一。

另外，中国社会科学院学部委员、历史研究所前所长林甘泉先生从当事人的角度又提供了另一方面的思路，即《历史研究》创刊时"编委会由17位史学家组成，其中既有在国内外享有盛誉的史学大师如陈垣、陈寅恪、汤用彤等，也有几位在当时史学界已经很有影响力的中年学者；既有共产党员，也有非共产党员。创刊号印出的编委名单，陈寅恪列名其中，是不是得到陈寅恪的同意，这是许多人关心的问题"。林先生指出《陈寅恪先生编年事辑》所载陈寅恪1954年1月23日致郭沫若的一封信中写有"一九五四年一月十六日手示敬悉。尊意殷拳，自当勉副"字句，判断这是陈寅恪对郭沫若邀请他担任《历史研究》编委的答复。郭沫若1954年1月16日致陈寅恪的信，是在陈寅恪拒绝担任历史二所所长之后发出的。这时《历史研究》编委会的名单中央已经批准，其中就有陈

寅恪。这个名单要在 1954 年 2 月出版的《历史研究》创刊号上刊载，所以郭沫若赶在创刊号出版之前给陈寅恪写信，告知他被邀请为编委的消息。陈寅恪随即在 1 月 23 日复信表示"自当勉副"，同意担任编委，语气是相当诚挚的。

林先生强调：郭沫若与陈寅恪 1954 年 1 月份来往的两封信，是在汪

陆键东《陈寅恪的最后 20 年》

篯已经回到北京并带回陈寅恪拒绝担任历史二所所长的答复之后，这一点很重要。陈寅恪在《对科学院的答复》中说："我提出的条件，科学院接受也不好，不接受也不好。两难。我在广州很安静，做我的研究工作，无此两难。去北京则有此两难。动也有困难。我自己身体不好，患高血压。"这是陈寅恪认真而坦率的实话，其中固然有对共产党缺乏了解的偏见。但陆键东在《陈寅恪的最后 20 年》一书中说这是陈寅恪"向北京最后关上了大门，关闭之严密，没有留下一丝余地"。林先生认为"这种没有根据的说法，是对陈寅恪形象的极大

歪曲"完全是无稽之谈"。

"经党中央批准，中国科学院 1954 年下半年开始筹备成立学部委员会。陈寅恪被提名为哲学社会科学学部的学部委员。在酝酿过程中，由于陈先前辞任历史二所所长，对他的提名曾有一些不同意见。据科学院原党组书记张稼夫回忆，最后请示了毛主席，毛主席指示'要选上'。这次提名的信息，是由时任中共中央中南局宣传部副部长、与陈寅恪私交不错的杜国庠面见陈传达的。"陈寅恪表示同意。杜国庠专门到北京向张稼夫和郭沫若做了汇报。

林先生指出："辞任历史二所所长，但同意担任《历史研究》编委和科学院学部委员，这三件事是一个完整的史料链，反映了陈寅恪基于自己的价值观和身体状况有条件地与共产党合作的态度。有的人千方百计想把陈寅恪称道的'独立精神'和'自由意志'，放大为拒绝与共产党合作的政治态度，这完全不符合历史事实。"（详见林甘泉《在〈历史研究〉创刊初期的日子里（上）》，载《中国社会科学报》2014 年 1 月 8 日。又见中国社会科学院历史研究所编《求真务实六十载》，中国社会科学出版社 2014 年版）

陈寅恪《对科学院的答复》并拒绝北上出任历史二所所长之事，很快就上达最高层，1954 年 1 月 28 日，周恩来在政务院第204 次会议上的讲话中说："老科学家中一部分思想未改造好，思想上的隔阂要进行教育，使大家好好做工作，也会有个别坏的，在改造中个别淘汰，但绝大多数要团结，有的思想上守旧者如陈寅恪为历史学家，但他是爱国的，英国不去，美国不去，俞大维是他的妹夫，傅斯年也是他的亲戚，我们请他作中古所所长，他要两个条件，第一个是不研究马克思列宁主义，另一个要毛、刘二长保证，我们怎么办呢？第一我们问他是否是爱国者？是否新中国比旧中国好一些，因为他不去台湾，与美英帝国主义国家比较也好些。思想界线很保守，有反动思想不待言，他身体很坏，学问也不是了不起的，我们等待他，他已六十多了，曾留学美国，在旧中国呆了五十多年，在新中国只有几年，能有我们这样觉悟吗？他对参加政协的先生们大骂；虽然旧思想很严重，但是爱国者（根据我们的材料），我们等待他，看他四年、八年、十年，他会变的，苏联科学家十年之久才转变的很多。这样人科学院为极少数，大多数热爱祖国，是爱国知识分子，学习苏联很赞成，因而更应团结，思想方法上有问题慢慢教育帮助。"（王少丁、王忠俊编《中国科学院史料汇编·1954年》第31页，中国科学院院史文物资料征集委员会办公室，1996年12月。转引自谢泳《周恩来谈陈寅恪》，载《中华读书报》2016年11月9日第3版）

谢泳对周恩来的讲话进行了考证，认为这个讲话"因为是记录稿，未经讲话本人审阅，常见记录笔误难免。比如说陈寅恪'学问也不是了不起的'，按讲话逻辑和语气，我猜测当是'学问是很了不起的'之笔误。此外说陈寅恪'对参加政协的先生们大骂'，可以反证陈寅恪平时有些言论通过特殊渠道上达了高层"。（谢泳《周恩来谈陈寅恪》，载《中华读书报》2016年11月9日第3版）

多年前，易中天曾有《劝君免谈陈寅恪》一文。现在我们又来谈陈寅恪，一方面陈寅恪在中古史研究方面，我们实在是无法绕开，1994年10月，武汉大学唐长孺教授去世后，北京大学的周一良、田余庆先生合送了一副挽联，其中有"论魏晋隋唐，义宁而后，我公当仁居祭酒"。即在魏晋南北朝隋唐史研究方面，陈寅恪之后，唐先生当然是第一人。20多年过去了，我们在中古史研究方面取得了很多成绩，也出版、发表了大量的论著，但还是没有出现唐先生这样的史学大家，更不要说超越了，这样我们就不得不再来谈陈寅恪。另一方面，当前学界的腐败和堕落，学者的造假，缺乏诚信、没有信仰，在追逐名利方面的不择手段，使我们更加怀念那个有大师和信仰的时代。

附记：

　　这是一篇知识性的小文，是根据讲义综合整理而成。由于讲稿是断断续续写成，有时未能注明论点和材料出处，特此说明。

回忆与李庆善先生相关的二三事

　　李庆善先生是我的大学老师，他已经去世 20 年了，但其音容笑貌似乎就在眼前。有时很清晰，有时又很模糊。

　　我是 1979 年考入甘肃师范大学（现西北师范大学）历史系的，当时还没有今天所谓的"211""985"，即没有将学校分为三六九等；另外，当时人才的流动还非常困难，所以各学校都有一些很有名的学者。

　　我读书的甘肃师范大学，是早年的国立西北师范

李庆善先生

学院，有历史积淀；再加上20世纪50年代由于三线建设，国家支援西北，老师也来自五湖四海，而且不乏著名高校毕业的高才生。所以，我们系上可说是名师云集，中国史方面就有金宝祥、刘熊祥、王俊杰、陈守忠、李庆善、郭厚安、吴廷桢、潘策、曹怀玉、伍德煦、赵吉惠、丁焕章、宋仲福、徐世华等先生。

当时我们在学校学习时，由于老师们都住在校园里，我们随时可去老师家请教、聊天，由于李先生给我们班上"历史文选"课，李先生的夫人张淡云老师上"世界史"，所以我们就有机会和理由去李老师家聊天了。但当时对李先生、张老师并没有特殊的感觉，只是认为他们夫妇二位都很客气。

在我的印象中，李先生虽然对人很客气，但却是一位有性格、特立独行的学者。他既没有参与集体课题，也基本上没有担任行政职务，与历史系的其他老师也就没有矛盾，是一位大家都比较尊重的老师。当然李先生的心里很明白，从我与他的点滴交往中，就能感受到他的立场，甚至可以说是爱憎分明，只不过没有公开表达罢了。

李先生个人著述不多，可以说是"述而不作"，但绝对没有人会认为李先生没有水平。据我的大师兄张邦炜教授说：有次他与金宝祥先生聊天时，金先生曾问李庆善与另一位老师的学术水平，张邦炜认为李先生的水平还是高一些。此后不久，李先生就被评为教授了。在李先生他们那个时代，没有像今天这样的量化指标，也没有考核、填表的压力，可以按自己的兴趣从事学术探讨。因为当时还有学术权威，还有公认的标准，大家不一定按出版著作及发表论文的刊物级别和数量来取舍，而主要看你是否真的有水平。

李先生有一个最突出的特点，即非常敬爱老师。李先生自己没有出版学术著作，发表的论文也很少，并非没有水平，而是将大部分精力用来整理老师的遗著——《汉书食货志集释》和《大金弔伐录校补》了。金少英先生这两本著作的整理出版，李先生花费了大量的时间和心血，可能并不亚于自己撰写一本学术著作。如金少英先生的《汉书食货志集释》遗稿以武英殿本为底本，李先生整理时改为以王先谦《汉书补注》本为底本，这样的改动，无疑增加了许多工作量。据李先生在"整理说明"中说："原稿取材丰富，整理时有所删削，亦略有增补。限于水平，取舍容有未当。论断之中，亦难免有参以己意之处，错误在所难免。此则我无可辞其咎，与先生无涉矣。亦间有纯出一己之见者，深恐多有谬误，负累先生，故特标明'庆善按'字样，以资识别。"可见此书的整理出版，不仅工作量大，而且也包括李先生的许多学术创见。但李先生并没有合作署名，而是署"金少英集释、李庆善整理"。《大金弔伐录校补》是金少英先生历时三十多年校补而成的，因成书的时间过长，前后

《大金弔伐录校补》

《汉书食货志集释》

体例不一，所引史料也比较冗杂，并间有重复和无关者。李先生与整理《汉书食货志集释》一样，花费了大量的时间和精力，但其署名也是"金少英校补、李庆善整理"。这在今天的学术界，可能已成为绝响了。

同时，李先生还非常爱家人，尤其是对老伴张淡云老师非常关爱。张老师家在甘肃庆阳，20世纪80年代初，庆阳还不通火车，就是汽车也很少，并且需要坐两天才能到达，所以张老师若要回一次老家是很困难的。1985年，陕甘史学界在庆阳师范专科学校（现陇东学院）举行学术培训，其中有金宝祥先生的讲座。金先生计划乘飞机到庆阳，李先生得知这一信息后，就想让张淡云老师乘此机会回老家，这样可以坐送金宝祥先生的汽车去机场，到庆阳下飞机后也可乘坐接金先生的车到城里。所以李先生就找金先生联系，给张老师购买了同一航班的机票。在当时乘飞机回家，那是很奢侈的，一般人的心理和经济上也是无法承受的。但李先生却主动提出并促成张老师坐飞机回家，这是一种从内心相爱的体现。当然，事情都是相互的，从我不多的观察可知，张老师对李先生生活上的关照，尤其是在李先生病重期间的呵护，真的是无微不至，让人从内心感动和敬佩！

由于李先生给我们班上课不多，大概不到一学期，再加上我留校后不在历史系，所以和李先生联系不是很紧密，但相对而言，在我们留校的同学中，除漆永祥君是李先生唯一的研究生，王锷君算是李先生的特殊弟子（王锷留在古籍所，李先生是古籍所副所长并负责指导王锷的学业）外，我可能是与李先生接触最多的学生，经常会去李先生家拜访、请教。当李先生病重时，我正好在学校，所以也几次去李先生家、医院看望。李先生去世后，我也是帮忙办理丧事。当年秋天，我赴武汉大学学习，毕业后又调离西北师范大学，与李师母（张淡云老师）见面的机会就少了，每年回兰州，总会去拜访张淡云老师。

张老师和李先生一样，是一位非常重情重义的老人，可能是我经常拜访的缘故，也可能是老人寂寞的因素，每次去她家里，她都是很高兴、很激动。有一年，因我家里有事没有去，老人还专门打电话问我小孩的学习、高考情况，还让王锷兄带了两包甘肃的特产。当王锷兄在兰州打电话说此事时，我还说不需要。王锷在电话中说："我知道你不需要，我从兰州回去带的东西也多，但这是张老师的心意，我宁可其他的东西不带，也一定要将这些带来给你。"去年暑假，我与内子一起去拜访张老师，老人非常激动，临走给我拿了一盒甘肃特产，非让我带上不可，当我要推辞时，老人拉着我的手说："你们来看我，我很高兴。今年见了，明年是不是能见到都说不上。"我看老人的眼泪都出来了，就很痛快地接受了。

还有一件与李先生有关的事，大约是 2000 年，西北师范大学要准备 2002 年的校庆，当时又有一股出版校史的风尚，作为"中国著名学府逸事文丛"之一，学校也要编一本《西北师大逸事》，其中最重要的版块是占全书五分之四的"校园名师"。由于主事者对历史系的情况不是很了解，计划收入的历史系老师只有已经去世的金少英先生和健在的金宝祥先生。恰好有一天我到宣传部长的办公室聊天，他让我推荐人选，我就推荐了李庆善先生，当谈到由谁撰稿时，我随口就说只能是漆永祥和王锷，并在部长的办公室给北京大学的漆永祥和王锷打电话商定了此事，这就有了"校园名师"中的李庆善先生。

如果我们翻开《西北师大逸事》一书，所收入的"校园名师"共 40 位，其中与历史系有关的仅 4 位：金少英、金宝祥、李庆善和调到陕西师范大学的赵吉惠先生。其实，历史系的"校园名师"不止这 4 位先生，有一批先生都可入列，只是由于当时《逸事》出版匆匆，受时间与条件所限，未能将更多先生选入，至今想来都是颇为遗憾的事情。

（收入漆永祥、王锷主编《斯文不坠在人间——李庆善教授诞辰百周年纪念文集》，北京联合出版公司 2017 年版）

我所了解的宁可先生

宁可先生是著名的史学家，在史学理论、敦煌吐鲁番学、隋唐五代史和中国古代经济史诸领域均有很深的造诣。

第一次知道宁先生是在大学阶段。我是1979年考入甘肃师范大学（后恢复原校名西北师范学院，1988年更名为西北师范大学）历史系的，当时史学界讨论的热点是中国封建社会的长期延续、农民战争、亚细亚生产方式等问题。正是在这种背景下，我在图书馆看到了《北京市历史学会第一第二届年会论文选集》，认真读了宁先生的《对农民战争后封建王朝一些政策的分析》（此文后来收入中国社会科学出版社1999年出版的《宁可史学论集》），并做了详细的摘录。在这篇文章中，宁先生专门阐述了"中国封建社会的农民战争，从其规模和结果等方面来看，大体上有五种情况"，并对五种情况作了详细讨论，同时还对农民战争后新王朝的政策进行了分析。

第一次见到宁先生是在大学三年级下学期。当时西北师范学院历史系主任金宝祥先生非常注重学术交流，在有限的条件下，曾邀请一些学术名家来历史系讲学，如华中师范大学的张舜徽先生、

宁可先生在英国图书馆查阅敦煌文书（1988 年 12 月 5 日）

中国社会科学院历史研究所的田昌五先生、日本的藤枝晃先生、台湾地区的张春树先生等，当然也有宁可先生。1982 年 6 月 1 日，由金先生主持，宁先生给我们作了题为"马克思主义与历史科学"的讲座。讲座共分两个部分：第一部分是历史研究之成为科学，阐述了马克思主义史学的发展；第二部分是马克思主义的基本原理和方法是历史研究的指南。另外，宁先生还介绍了马克思主义与历史研究中争论很大的几个问题（主要是"文革"前）：1958 年大跃进时提出"以论带史"，三年困难时期又提出"论从史出"，"文革"中对此进行了批判，故后来又提出"史论结合"。宁先生指出，这几种提法最好都不用，都有不确切之处，即概念不大清楚，"论"指什么？"史"又指什么呢？再者这些提法的关系不明确。

　　虽然已经过去了三十多年，但宁先生讲座时的神态和音容笑貌仍然定格在我的脑海之中。讲座中让我印象最深的是历史研究的分层说，宁先生指出，历史研究大体上可分为几个层次：最基础的是史料（收集、整理、校勘、考订），上一层次为专题研究，再上一层次为断代史或专史、国别史研究，再上为通史，最上为历史理论。宁先生特别强调：千万不要认为史料工作就是全部的史学研究，就是最有意义的。这在30多年后的今天，仍然有警示和启发意义。

宁先生最后还告诫大家：对国外的一些史学观点和方法，要分析，不能不加分析的全部吸收，更不能用外国的一些史学观点和方法来代替马克思主义。

那次虽然听了宁先生的讲座，但没有敢上前与宁先生攀谈。

与宁先生比较近距离的接触是在1983年8月兰州的中国敦煌吐鲁番学会成立大会和敦煌学术讨论会上，宁先生作为会议筹备处秘书长和未来学会的秘书长，承担了许多具体的工作。如南开大学吴廷璆教授曾给金宝祥先生写信说想参加会议，金先生就是通过兰州大学的齐陈骏先生向宁先生请示的，经宁先生同意给吴廷璆先生发了邀请（后吴廷璆先生由于有事未能参加）。

会议期间，时常能见到宁先生忙碌的身影，如在8月14日下午的预备会上，"宁可同志代表大会筹备处，就大会日程安排作了说明，并提出经协议产生的大会主席团候选人名单；还就大会开幕式的程序提出了安排意见。宁可教授宣布了由各单位推荐的大会临时党组成员。""晚上大会秘书组举行了记者招待会。"在15日上午举行的大会开幕式上，"首先由筹备处秘书长宁可同志介绍经预备会议酝酿产生的大会主席团名单"；在15日下午的大会上，"大会秘书长宁可宣读了杭州大学教授姜亮夫《对于教育部领导同志在敦煌学术讨论会上的报告的一些补充意见》"；在17日下午的大会上，"秘书长宁可同志宣布本次大会的议程"，然后大会进行了聘请顾问和理事会的选举；在18日上午的学会第一次理事会上，推选出了学会领导机构：会长：季羡林；副会长：唐长孺、段文杰、沙比提、黄文焕、宁可；秘书长：宁可（兼）；副秘书长：张广达、齐陈骏、穆舜英；常务理事：金维诺、张锡厚、王永兴、沙知。

会议期间，由学会秘书处组织，常书鸿、季羡林、唐长孺、段文杰、宁可、朱雷等22位学者签名给中央领导同志写了一封信。在22日下午举行的大会闭幕式上，"主席团委托宁可同志就大会给中央领导的信向全体代表作了说明"。"宁可同志说，根据会议期间各代表的建议和意见，秘书处加以整理综合，给中央领导的信共包括六个问题……宁可同志说，学会将根据大家的意见，提请中央有关部门在经费、编制等问题上给予支持。"（以上引文均见会议《简报》）

我作为会议工作人员，在接待处的迎送接待组服务，再加上年龄小，又住在会上，常常做一些跑腿的事，所以能经常见到宁可先生，但遗憾的是没有和宁先生有过单独的接触。

在1983年的全国敦煌学术讨论会上，西北师范学院敦煌学研究所将我搜集的敦煌学研究论著目录油印在会议上交流，得到了与会学者赞扬。会后，我又根据学者们的意见整理编排，于1985年由甘肃人民出版社出版。

1985年8月，中国敦煌吐鲁番学术研讨会在新疆乌鲁木齐举行，我的导师金宝祥先生计划参会，并决定由我陪同前往。学校特批，允许我坐飞机陪金先生去乌鲁木齐参加会议。在出发前一天，金先生刚从庆阳回到兰州，身体略有不适，原想休息一天，第二天去新疆。但第二天金先生身体还没有恢复，就取消了新疆的行程。没办法，我只能到售票处退了两张机票，又在车站买了去乌鲁木齐的火车票，几乎是站了40多个小时到乌鲁木齐。从飞机改火车，导致我到会晚了一天。由于宁先生与金先生的关系，再加上会前已将我编的《敦煌学论著目录》寄到会务组交流，宁先生看过后对我也有了一定的印象。我虽然晚到了，但宁先生安排得仍很周到。2013年8月，在首都师范大学举行"中国敦煌吐鲁番学会成立30周年国际学术研讨会"，在开幕

刘进宝《敦煌学论著目录》

式后照相时，我走到已经坐在第一排的宁先生前问安，我说："宁先生，我是刘进宝。"宁先生说："进宝，我当然认识。"并说："你的第一本著作是？"我回答说："是《敦煌学述论》。"宁先生马上说："不是，你的第一本著作是《敦煌学论著目录》。"可见，30多年前的小书《敦煌学论著目录》，给宁先生留下了较深的印象。

后来，虽然几次在会上与宁先生见面，但基本上没有单独交流。1988年在北京召开敦煌吐鲁番学会讨论会时，我也只是给宁先生转交了金宝祥先生的信。1999年，兰州大学敦煌学研究所申报教育部重点研究基地，由于实行回避制度，教育部委托西北师范大学接待专家组，包括接送、食宿等。宁先生好像是第一个到兰州

的。当天是周末，我恰好到城里商场买东西去了，回家后发现有好几个未接电话，是学校科研处打来的，打过去后科研处的工作人员说：首都师范大学的宁可先生到了，我们都不熟悉，问宁先生和我们学校谁认识？宁先生说认识金宝祥先生和你，就想请你过来陪宁先生吃饭。随后到来的姜伯勤先生和项楚先生都说与我认识，学校领导就委派我全程参与接待。这样就与宁先生、姜先生、项先生有了比较多的接触。评审结束后送宁先生去机场是午饭后一个多小时，当约定的时间到后一直不见宁先生从房间出来，司机就催我去房间找，可我敲门就是没有反应，心里还有点紧张，就找工作人员打开房门，进去一看，宁先生睡得正香，我们敲门他根本就没有听见，我实在不忍心叫醒。就在床边站着，直到司机上来喊我，才不得不把他叫醒。

2005年我赴俄罗斯圣彼得堡参加敦煌学国际联络委员会干事扩大会议并考察俄藏敦煌吐鲁番文献，我是先从南京到北京和大家集合的，住在首都师范大学。郝春文老师带我到宁先生府上拜见，这是我唯一一次去宁先生家。几年不见，宁先生还是那样的健谈，但身体明显不如以前了。我们聊往事、聊学术，尽管相谈甚欢，但也不敢过分打扰。这次见面后，再次的见面就是在2013年的中国敦煌吐鲁番学会成立30周年纪念大会上了。

2014年2月18日宁先生逝世后，我当时还没有使用微信，是从朋友的信息中知道的。就请李华瑞师兄代我送了花篮，以表达对宁先生的敬意和哀思。

宁先生不仅是一位著名的学者，同时还是一位卓越的学术领导人和学术组织者。他组织了丝绸之路考察、筹划成立中国敦煌吐鲁番学会并担任首任秘书长兼副会长、组织《英藏敦煌文献》的编辑出版、筹划并派遣中国学者赴俄罗斯圣彼得堡调查了解俄藏敦煌文献，与林甘泉、方行先生共同主持了中国古代经济史断代研究课题，并主编了《隋唐五代卷》等。

作为纯粹的学者，自然要追求学术的彻底性，而作为学术领导人和学术组织者，则还要考虑解决和平衡各种问题，既要有可行性，也需要有妥协性。从前述宁先生在中国敦煌吐鲁番学会成立大会上细致周到的工作就可知道，宁先生是一位卓越的学术领导人。

从我所了解的点滴可知，宁先生为敦煌吐鲁番学会的发展付出了许多艰辛的劳动和努力。许多繁杂琐碎的事务，大部分都是宁先生亲力亲为。如何平衡、调解、妥协，使大家都能满意，起码是理解，就要有高超的领导艺术。而在中国的传统或国人的普遍心态中，你做好了似乎就是应该的，而哪怕有一点失误或疏忽，就会引起别人的不满。其中的酸甜苦辣，也只有宁先生自己能够感受，真可谓冷暖自知。

如1983年的中国敦煌吐鲁番学会成立大会和全国敦煌学术讨论会，内地之外的学者只邀请了香港的饶宗颐先生一人。到1985年的新疆会议时，改革开放更加全面，与国际学术界的交流也逐渐增多，就邀请了一些外国和香港地区的学者参会。在这种背景下，宁先生也考虑让内地学者走出去，了解外面的研究状况和动态。作为学会副会长兼秘书长，宁先生于1985年12月25日给饶宗颐先生写信，希望在香港举办一次敦煌吐鲁番学术会议。1986年1月6日，饶先生给宁先生回信说，"关于在港举行敦煌吐鲁番学术会议事，经与有关方面商洽"，初步意见是：时间以1987年为宜；中文大学文物馆可同时举行一小型敦煌所出写经展览，希望北京故宫、北图、上海、甘肃、敦煌研究所各单位，能提供少数；内地学者十人名单，希望大会推举列示。季（羡林）、段（文杰）两会长望能莅港指导，唐老（唐长孺）因健康关系，不敢强其能来。

接到饶先生的信后，宁可先生就给时任副会长、敦煌研究院院长段文杰先生写信：

文杰同志：

去年乌鲁木齐学术讨论会上，曾与饶宗颐先生商量如何与台湾学者建立联系问题，他建议在香港开一次国际学术讨论会，当时初步商议，会议人数二十余人左右，大陆学者十人左右，此事在去年十一月二十三日学会常务理事会与学术委员会上提出，大家认为可行，我即去信香港，现将饶先生回信寄上，看来此事已可落实。我信中说当争取季先生和你去，唐先生视健康情况，他回信亦表此意。季先生已确定去，唐先生那里我准备即去信，甚望你届时去。费用问题，我提了两个办法：①国内至深圳旅费自己负担，香港费用他们负担；②来回旅费又香港费用全由他们负担。饶先生信中提到的照宋史讨论会办法，即为②法（置装费、零用钱在外）。

我无经验，此事如何具体办法，甚盼尽速示下，我把几方意见汇总后，再向上打报告。我想到的，有以下几件事，其他自然还有，望多考虑告我。

（1）设想会议我们参加不用学会名义，亦不公开组团，由香港方面向个人发出邀请。这样，我们去港活动特别是与台湾学者接触也许方便一点，但去港证件等则无法统一办理，只能由各人单位来办，置装费与零用钱也只得各自申请了（我还想如有可能，争取集中解决一点）。

（2）大陆去人名单由我们提出，台湾学者及其他国家学者是否我们可以提出建议，供香港参考（我设想不提）。又，我们去的十人左右名单你的建议如何。

（3）饶信中特别提到敦煌写卷展出问题，此事如何实现。

（4）论文如何准备，讨论会是否要有一两个主题，或干脆各人提自己的论文，到时宣读讨论即可。

其他还有哪些待办或需考虑的，盼告。

敬礼

宁可

（一九八六年）二月二日

正是在宁可先生的协调、联络和组织下，由中国敦煌吐鲁番学会协助，香港中文大学和香港中华文化促进中心于1987年6月25—27日联合举办了"国际敦煌吐鲁番学术会议"，大陆学者常书鸿、季羡林、段文杰、周一良、周绍良、王永兴、宁可、朱雷、姜伯勤、金维诺、穆舜英、项楚、樊锦诗先生赴港参会，台湾学者有潘重规、黄永武、苏莹辉、林聪明先生。这是中国大陆、香港、台湾地区敦煌学者的第一次聚会，尤其是大陆和台湾人文学者的第一次接触和交流，相互沟通了信息，交流了成果，为以后的交流和联系奠定了基础，开创了敦煌吐鲁番学研究的新局面。

回忆与宁先生的交往点滴，可知先生是一位非常豁达、忠厚的长者。作为敦煌吐鲁番学会的领导，做了许许多多具体、繁难又琐碎的事务，为国内敦煌吐鲁番学的发展及国际交流贡献了自己的才能和智慧。

（这是2018年12月8日在首都师范大学举行的"宁可先生诞辰九十周年纪念座谈会"上的发言）

朱雷老师学术简历

朱雷，男，汉族，浙江省海盐县人。1937 年 5 月 24 日出生于上海市，抗战开始后，他跟随家人辗转了大半个中国，从小读了很多历史、文学书籍，像《房龙地图》《人类史话》中的某些章节，现在还清晰记得。书让他喜欢上了历史，并最终选择了历史。1955年考入武汉大学历史系，1959 年 7 月大学毕业后又考上本系研究生，师从著名的唐史专家唐长孺先生，主攻魏晋南北朝隋唐史。1961 年前后，参加唐长孺教授主编的《中国通史参考资料（魏晋南北朝分册）》的编选工作。1962 年 7 月硕士研究生毕业后，旋即留在唐先生创建的魏晋南北朝隋唐史研究室从事科研工作。同时在唐长孺先生的指导下，除了通读《全唐文》，做出分类资料卡片外，还利用缩微胶卷，摘录了斯坦因、伯希和所获敦煌文书中有关社会经济的资料及写经题记，初步接触到敦煌文书。在不到一年时间，刚完成以上两项工作，尚未进入研究阶段，1963 年秋以后，即被以加强"阶级斗争观念"为由，调去从事"五反""三清""四清"，接着就是一场史无前例的"文化大革命"。

1973 年秋，由于某种机缘，旋西行至洛阳、西安、天水、兰州、敦煌、新疆等地参观考察，初步接触了吐鲁番文书。1974年元月，唐长孺先生听到朱雷等介绍了吐鲁番文书的情况后，遂向国家文物局王冶秋、刘仰桥同志建议，对所发现的吐鲁番文书进行整理，王冶秋同志决定由文物出版社借调朱雷，前往乌鲁木齐整理出土文书。1975年4月底，王冶秋同志带着局里干部及唐长孺、谭其骧先生赴新疆考察，朱雷先生也随从前往。

这次新疆考察，朱雷随唐长孺先生去了吐鲁番哈拉和卓、阿斯塔那墓葬区，看发现文书的古墓。在南疆的库车，由于"机耕道"路况极差，他们又坐在手扶拖拉机挂带的斗车上，强烈的颠簸致使唐先生右眼眼底出血，造成失明。唐先生被迫返回北京诊治，朱雷留下来，去吐鲁番地区文保所，清理、拼合、抄录文书及墓志。

由于朱雷不是搞考古的，当他下墓穴时，沙往下掉，内心还是

朱雷老师在新疆整理吐鲁番文书

很受挑战，怕它会垮掉，担心被埋在里面。墓穴里不光有骨头，还有没腐烂的尸体，有的眼睛被老鼠吃掉的，也怕，但不去又不行。吐鲁番出土文书，涉及了方方面面的东西，对历史研究的帮助是非常大的，非常珍贵。有的文书直接随葬，如功德录、契约等，加上气候炎热干燥，墓室内形成天然无菌环境，随葬品历经千年而没腐烂，文书相对保存得比较完整。有的文书被裁剪成给死者穿戴的靴子、帽、腰带、枕等，故多已残损，需要拼合……当时朱雷只想多收集资料，恶心也就顾不上了，右手点烟，左手翻动尸体。到晚上做噩梦，梦见去掏死人的嘴巴。

新疆的实地考察，使文物局领导知道了吐鲁番文书的重要性，又因当时新疆条件困难，从吐鲁番返京后，时任国家文物局局长的王冶秋同志在给国务院的报告中，建议在唐长孺教授主持下，组织有关人员在北京整理吐鲁番文书，这一建议获得批准，遂在国家文物局成立"吐鲁番文书整理组"。朱雷教授作为整理组主要成员之一和唐长孺先生的助手被借调到国家文物局，远离家乡，克服重重困难，长期工作生活在北京、乌鲁木齐和吐鲁番盆地，从事吐鲁番文书的整理工作。期间在唐长孺师的指导下，他与整理组的同志们一同从事这批珍贵文书残卷的整理、缀合、定名、断代和初步研究。由唐长孺教授主编的《吐鲁番出土文书》，十易寒暑，终于完成。其史料价值之珍贵，整理工作之艰辛，为海内外学术界所公认和推崇。该书出版后多次获得国家大奖，如国家图书奖、国家古籍整理一等奖、国家社科基金优秀成果一等奖等。

朱雷教授作为唐长孺先生助手并随唐先生整理吐鲁番文书，是其一生中的重大事件，对其学术研究也有重大的影响。由于长期侍奉在唐先生身边，耳提面命，并长期从事吐鲁番文书的整理，其学术水平突飞猛进。1980年，朱雷发表了《吐鲁番出土北凉赀簿考释》一文，深入、细致而全面地研究了吐鲁番所出北凉赀簿文书，解决了一些长期以来悬而未决的难题，其观点为国内外学术界广为引用。日本学者池田温教授给予了高度评价，认为这是一项优秀的研究成果，"将历来被视作麴氏高昌末期的该件文书考定为北凉承平年间的赀簿文书，作者详尽地搜集了中国科学院图书馆、北京大学图书馆所藏有关文书残片，对其用语、性质作了周全的探讨"，并认为作者对该赀簿内容的理解也是极深刻的。它的学术价值正如姜伯勤教授所说"正在改变着国内外籍帐研究的面貌"。

1983年8月，朱雷教授参加了在兰州召开的中国敦煌吐鲁番学会成立大会，当选为中国敦煌吐鲁番学会理事。会议期间，他还与季羡林、常书鸿、唐长孺、段文杰、宁可等22位学者给中央领导写信，要求加强敦煌吐鲁番学的研究，为我国敦煌吐鲁番学的全面发展做出了贡献。8月底朱雷与唐长孺教授一起应邀出席了在日本京都、东京召开的第31届亚洲、北非人文科学大会，并在会上宣读了《试论麴氏高昌时期的"作人"》。本文第一次系统地研究了初次发现的六世纪麴氏高昌的私属"作人"，提出了一个有启发性的创见，指出高昌私属作人与南朝宋齐的"十夫客"相似，这一重大发现促进了学术界对此一类型中古依附身份奥秘的进一步揭示，其结论为中日学者在有关论著中多次引用。

1986—1987年，朱雷教授获美国王安研究院汉学奖助金，进行"唐代籍帐制度"的研究。1986年，在联邦德国汉堡召开的第32届亚洲、北非人文科学家大会上，朱雷教授摘要发表了《六至七世纪高昌地区的东西贸易》。

1987年6月，朱雷教授与季羡林、段文杰、王永兴、姜伯勤、樊锦诗等先生应邀出席了在香港举行的"国际敦煌吐鲁番学术会议"，发表了《唐代"乡帐"与"籍帐"制度研究》的论文，在充分利用吐鲁番出土文书的基础上对唐代乡帐与籍帐制度进行了探索，提出了一些颇具启发性的意见。

在此前后，朱雷教授还发表了《唐代"手实"制度杂识》《唐代"点籍样"制度初探》《唐"籍坊"考》《敦煌两种写本"燕子赋"中所见唐代浮逃户处置的变化及其他》等高水平学术论文。2000年，为纪念敦煌藏经洞发现100周年，朱雷教授将部分论文结集为《敦煌吐鲁番文书论丛》，由甘肃人民出版社出版。

本书出版后，于2003年获第三届中国高校人文社会科学研究优秀成果二等奖。故宫博物院王素研究员发表专题书评指出："朱先生的很多论文，尽管经过了十多年甚至二十多年，学术价值还是难以超越。""学界师友常言：唐长孺先生门下，论文风格与唐先生最为接近者，莫过于朱雷先生。读罢本书，深信此言非虚。"

正是由于这些高水平的论文，为朱雷教授在国内外学术界赢得了较高声誉。

1986年，朱雷教授被国务院学位委员会评定为博士生导师，1987年任武汉大学历史系主任，1988年获"国家有突出贡献中青年专家"称号。同时还曾任武汉大学中国三至九世纪研究所所长、国务院学位委员会学科评议组成员、国家社科基金评审组成员、湖北省文史馆副馆长、美国罗杰伟唐研究基金会学术委员、中国唐史学会会长、中国史学会理事、中国敦煌吐鲁番学会理事、湖北省中国史学会副会长等职，又任浙江大学、天津师范大学、陕西师范大学、江西师范大学等校兼职教授、客座教授。

1995年，武汉大学主办了中国唐史学会第六届年会暨国际唐史学术研讨会，朱雷教授主编了会议论文集《唐代的历史与社会——中国唐史学会第六届年会暨国际唐史学术研讨会论文选集》（武汉大学出版社1997年版）。此外，还担任过《中国大百科全书·中国历史·隋唐五代史》副主编（中国大百科全书出版社1992年版），同时还承担有国家社科基金重点项目《海内外所藏吐鲁番文书的整理与研究》等重要课题。

朱雷教授目前虽已退休，但还兼任国家社科基金评审组成员，国家古籍整理出版领导小组成员，点校本"二十四史"及《清史稿》工作委员会委员，并与冻国栋教授一起主持"北朝四史"（《魏书》《周书》《北齐书》《北史》）的修订工程。

《朱雷敦煌吐鲁番文书论丛》

（原载《朱雷敦煌吐鲁番文书论丛》，上海古籍出版社2012年版）

高尚的人格　精湛的学术

——朱雷先生的学术与人生

朱雷老师出生于 1937 年 5 月，今年恰好是 80 周岁。众弟子聚会在武昌珞珈山上，举行"敦煌吐鲁番文书与中古史研究——朱雷先生学术成就座谈会"，畅谈朱先生的学问与人生。

一、强烈的爱国主义知识分子

朱雷先生既是世家子弟，又是革命后代。在朱老师的成长中，经历了太多的风云变幻，社会的动荡、人生的选择是他们那代人无法回避的社会现实。从朱老师的经历可知，爱国主义是他生命中的永恒主题。我这里所说的爱国主义，并非是单纯的说朱老师是革命后代，也不是空洞而泛泛的，而是具体的、实际的。

据我多年的了解、观察和体会，朱老师爱他的家庭，不论是去世的亲人，还是妻子儿女；对老师，尤其是唐长孺先生无比的敬爱，在担任唐长孺教授助手的 10 余年中，无论是在学术上还是生活上，都能做到尽心尽职，受到唐先生亲属和学术界的高度评价。

如唐先生的公子唐刚卯老师回忆说："我的父亲对朱老师是非常看重与信任的。我父亲在他自己感到来日无多时，曾将朱老师与我叫到面前交代后事。我父亲的遗嘱就是当着我与朱老师的面口授的，由此可见一斑。""我的父亲得到朱老师的照顾也是多方面的，特别是在北京整理吐鲁番文书期间，我父亲的晚饭都是由朱老师亲自烧菜并加以安排的。"但他从不利用唐先生的信任而谋取个人名利。

1999年我帮助朱老师编辑《敦煌吐鲁番文书论丛》时，出版社提出放一张朱老师的照片。我们选了一张唐长孺先生指导朱老师整理吐鲁番文书的照片，是1976年唐山大地震后在北京拍摄的。当我将照片交给出版社准备印刷时，朱老师给我打电话，态度非常坚决，一定要将照片撤下来，因为他怕别人会认为他是拉大旗做虎皮，有损唐先生的声誉。

唐先生去世以后，朱老师又积极组织编辑整理《唐长孺文集》《唐长孺文存》等著作。据唐刚卯老师说："在我父亲去世后，他还是一如既往地关心他老师的未尽事宜，特别是著作的出版。我父亲去世未久，朱老师就策划出版我父亲的文集。请启功先生为我父亲的文集题签，就是朱老师联系并亲自陪我到启功先生家的。"

朱老师对单位——三至九世纪研究所、历史系（历史学院）、武汉大学，非常关心；对学术组织——中国唐史学会等，也是事事关心。

由于朱老师的父母很早就参加了革命工作，他从小就是在革命的环境中生长的，具有深厚的爱国情怀。据唐刚卯老师说："朱老师出生于革命家庭，对湖北红安老区人民有着深厚的感情。在一次会议上，他在发言时对于贪污腐败最为愤恨，对于精准扶贫，他提出了'欠债'的概念，认为现在我们是在'还债'，并因回忆起曾亲见某些地方基层官僚欺压老区百姓的行为而老泪纵横。"另据武汉大学历史系 67 届学生洪宓回忆：1965 年 6 月，他的同班同学王国华不幸溺水身亡后，正是朱老师将国华同学的遗物送回了家乡——大别山革命老区英山县。"朱老师肩挑国华同学的遗物，含泪走进英山瓦寺前，亲眼见到国华家乡老百姓贫穷的生活处境，国华家一贫如洗的艰难……临别时搜尽随身所带的粮票、现金，以尽一位青年教师之心。"要知道，朱老师"既不是我班的政治辅导员，又没给我班授课"。由他去送国华的遗物，就是因为朱老师的"父辈为革命献身，与国华家乡——大别山革命老区英山县，有一种血脉相连的深厚情感"。"2007 年，听说国华同学的坟墓因为工程建设可能被毁，同学们互相转告，商议将国华的遗骸迁回他的家乡。"朱老师得知这一信息后，立即解囊相助，"同时不顾自己身体虚弱，亲自与同学们一起护送国华灵骨回他大别山的老家。他不无动情地对我们说，当年是我把国华的遗物送回家的，今天我也要和你们一起把他送回家。"

正是对这许许多多具体的人、单位的关爱，才真正体现了朱老师的爱国情怀。中国早就有修身、齐家、治国、平天下的古训。作为一个个体的人，如果连自己的亲人，尤其是生你、养你的父母都不爱的话，在关键时候能爱国家、能爱民族吗？显然是不可能的。因此我认为，爱国主义不是空洞的口号，而是体现在具体的行动上，朱老师对家庭、唐先生、学生和单位的关爱，正是其高尚人格，尤其是爱国主义的具体体现。

二、致力于吐鲁番文书的整理与研究

朱雷老师的学术贡献主要体现在敦煌吐鲁番文书的整理和研

究方面。协助唐先生整理吐鲁番文书，可以说是朱老师学术经历中最辉煌的事业，从 1974 至 1986 年春，朱老师由武汉大学借调至国家文物局，作为国家文物局"吐鲁番出土文书整理组"（组长为唐长孺教授）主要成员，并作为唐长孺先生的学术助手，赴新疆、北京等地参加吐鲁番出土文书的整理和研究工作。具体来说，《吐鲁番出土文书》的 10 册释文本中，朱老师独编了第 6、7、8 三册，参编了六册，即第 1–5 册和第 9 册。随后出版的图文本（1–4 册），系在已出释文本全 10 册的基础上，加上原本修订及原件照相图版整理编辑而成，朱老师承担了其中主要的修订工作。1974—1986 年，朱老师是 37 岁到 49 岁，可以说是人生最美好的阶段。在这十多年中，朱老师抛家舍子，跟随唐先生赴新疆、北京整理吐鲁番文书，将自己最美好的年华献给了吐鲁番文书的整理和研究事业。曾因为整理研究工作的劳累、生活的艰苦，导致八次胃出血。据唐刚卯先生说，朱老师"由于在外工作，不光是不能照顾家庭，自己吃饭也没有规律，早早就得了胃溃疡的毛病，几度大出血，几度生死"。

　　人生的许多事情都是有因果关系的，也正是由于朱老师将最美好的年华和精力献给了吐鲁番文书的整理和研究，使朱老师在吐鲁番文书整理和研究方面站在了国际学术前沿，20 世纪 80 年代以后，他凭借多年的学术积累和亲炙唐先生教泽的优势，在敦煌吐鲁番文书研究领域脱颖而出，撰著了一系列高水平、有影响并为学界瞩目的学术论文。如《吐鲁番出土北凉赀簿考释》《论麴氏高昌时期的"作人"》《唐代"手实"制度杂识》《唐代"点籍样"制度初探》《唐"籍坊"考》《唐代"乡帐"与"计帐"制度初探》《敦煌所出〈唐沙州某市时价簿口马行时沽〉考》《敦煌两种写本〈燕子赋〉中所见唐代浮逃户处置的变化及其他》等论文，就是传世文献与出土文书有机结合的典范。这些论文都是以小见大，既具有深厚的文献功底，又有极强的思辨能力，提出了一系列富有创意的独到见解，推动了相关问题研究的深入，为同行所折服和认同。

正是由于朱老师在吐鲁番文书整理和研究中的卓越成就和贡献，使他得到了学术界的广泛认可和好评。1986年，朱老师被国务院学位委员会评定为博士生导师，在前三批国务院评定的博士生导师中，历史学科的导师年龄都比较大，50岁以下者只有两位，即朱老师和厦门大学的杨国桢先生。这也从一个侧面反映了政府和学界对朱老师学术水平和学术贡献的肯定。

20世纪80年代中期，曾有学者言及唐门弟子对唐先生治学的承传问题，称唐先生治学所主要涉及的魏晋南北朝、隋唐史和敦煌吐鲁番文书三大领域中，"继承魏晋南北朝的是高敏，继承唐史的是张泽咸，继承敦煌吐鲁番文书的是朱雷"。王素先生在《敦煌吐

朱雷老师与唐长孺先生

鲁番文书论丛》的书评中有言："朱教授的很多论文，尽管经过了十多年甚至二十多年，学术价值还是难以超越……学界师友常言：唐长孺先生门下，论文风格与唐先生最为接近者，莫过于朱雷教授。读罢本书，深信此言非虚。"唐刚卯老师也说："我父亲对朱老师一直是很欣赏的，他也是承续了我父亲的学风，这从他的论文中可以看出。"

最近我在编辑"浙江学者丝路敦煌学术书系"中朱雷老师的《敦煌吐鲁番文书研究》和《敦煌吐鲁番文书与中古史研究：朱雷先生八秩荣诞祝寿集》时，再次学习朱老师的论文，我会不由自主地想到，朱老师虽然论著不多，但确实是有真学问的史学大家，他的论著是能够经得起时间检验的，也是能够流传下去的。

2010年，朱老师又应新疆博物馆的邀请，赴乌鲁木齐从事新获吐鲁番文书的整理工作。新疆博物馆新获文书有三个来源：一是1959年吐鲁番文书送到北京整理时，由于各种原因，如碎片、残片等，未能一起送到北京而留在博物馆的，即漏遗文书。其总数达到五十余件，主要是晋唐时期的官私文书，就其价值而言，有不见于此前已刊布文书的内容，如麹氏高昌时期麹朝官吏承担的杂税、特殊身份的"人"承担的税役，特别是在户籍、名籍等文书中反映出从麹氏高昌到唐代，较多的粟特人进入高昌地区从事贸易活动到成为编户齐民的历史过程。还有一件离异妇女的申诉材料，反映了妇女遇人不淑，县府所给予之财务俱被侵占的悲惨遭遇。这一部分基本上都能与已出版的《吐鲁番出土文书》缀合；二是从博物馆所藏的麻织品、毛织品、丝织品与器物上揭下来的。在清理馆藏毛、麻、丝织品与器物时，剥出了不少文书残片，经过认真辨识，很多都可与已刊布的文书拼合。但文书的拼合工作必须有强烈的责任心，及文献学、文书学的功底，才能做到，还须了解国内外研究状况。朱老师将其中一片新剥出的残片与已刊布的文书天衣无缝的拼合，并证实这与日本大谷文书中的一件文书俱是唐高宗时期的金部"式"。另一新剥出的残片，朱老师证实这是已刊布的左憧憬墓的一个"抄"（收条）的残片，并释读了过去未能释读的字为"幕"，表明此件文书是府兵制下卫士出征的"领物抄"。又一释出残片与已刊布的左憧憬墓文书是反映府兵出征，利用特权当起"随军商人"的重要材料；三是 21 世纪初吐鲁番考古新发掘四座墓中的一批晋唐时期文书。这四座墓的考古挖掘，是在吴震先生率领下进行的，所获一批晋唐时期文书，虽然已有发掘简报，但对文书的拼合、定名、释文与断代，还需要谨慎审定。

朱老师对这批文书进行系统整理时，特别关注能否与此前已刊布的文书拼合及如何拼合？这就需要从外部（纸质、墨色、笔迹），内部（所涉及的历史、制度、语言、文字）全面考察，才能得到比较科学的结论。

为了整理这批文书，朱老师于 2010 年带着一位博士后在乌鲁木齐工作了整整 4 个月，为了保证将全部精力用于整理文书，还带着夫人帮忙照顾生活。初步的整理工作完成后，朱老师就将整理资料全部移交给博物馆。由于各种原因，到了 2016 年底，这批成果还没有出版，朱老师心里很着急，希望能将这批成果尽快出版，使之与已出版的《吐鲁番出土文书》形成完璧，所以，2017 年春节刚过，朱老师又携带夫人赴乌鲁木齐，进行最后的扫尾工作。为了使这批文书尽快面世，朱雷老师又以八十高龄，于 2017 年申报了国家社科基金重点项目《吐鲁番出土文书补编》，现在又带着夫人在新疆博物馆从事最后的整理、定稿工作。

据朱老师说，文书整理中遇到的最大难题是因墨涂或血污造成的文字辨认困难，为此朱老师提出，虽然借助科学手段进行整理的费用较高，但为了释出尽可能多的被污染的、以前未能辨识的文字，拼合出更多的完整文书，对于已被墨涂或血污的文书，必须利用红外照相技术加以辅助辨认，若已刊布的文书有此问题，也可考虑一并解决，从而编出一部高水平的《吐鲁番出土文书补编》。

三、诲人不倦的忠厚长者

朱老师不仅十分尊重师长和前辈学者，在学术科研方面，也十分尊重前人研究成果，恪守学术道德和学术规范。在学术界历来以为人正派，学风严谨踏实、一丝不苟并富于创新而著称。与此同时，朱老师长期以来特别注重扶掖后学，培养新进，为青年学人成长和发展不遗余力。他曾多次为本院系、研究所乃至国内外青年学者无私提供重要资料，帮助青年学人选择科研课题，确定科研方向等。无论是担任系、校的学位、学术、职称等评审工作，还是以国务院学位委员会学科评议组成员、国家社科基金评审专家等身份参与相关项目、奖项的评审工作，朱老师都能够坚持原则，公正公平，注重学风及学术道德，因此在海内外史学界有很高的威望。例如，在开始设立国家社科基金时，朱雷先生就是评审专家之一。大约在十年前，年龄较大的成员一般不再担任国家社科基金的评审专家，但在中国历史组保留了 4 位德高望重、公正公平的老年评审专家，朱老师就是北京以外唯一的一位。

从 1955 年进入武汉大学历史系学习开始，朱老师已在武大学习、工作了 60 多年，可以说将一生都献给了武汉大学，并对武汉大学及其历史系（学院）有着深厚的感情，尤其对武汉大学历史学科的发展做出了巨大贡献，如中国古代史国家重点学科的再次认定、历史学一级学科博士授予权的获得和博士后流动站的设立等，朱老师都有着无可替代的作用，并为此倾注了大量的心血。

在 1981 年第一批评定的博士点和博士生导师中，武汉大学历史系就有中国古代史的唐长孺教授和世界近现代史的吴于廑教授，1986 年第三批又评上了历史地理的石泉教授和中国古代史的朱雷教授。虽然中间有过学位点调整，但武汉大学历史学科长期有三个博士点：中国古代史、世界史和历史地理。1998 年国务院学位委员会开始评定一级学科博士授予权时，武汉大学第一批获得了一级学科博士授予权，尤其需要特别指出的是，这时朱雷老师已经是国务院学科评议组成员，当武汉大学获得一级学科博士授予权后，朱老师立即邀请朱凤瀚、龚书铎先生等相关专家论证，自主设置中国近现代史和考古学博士点，为武汉大学历史学的发展做出了贡献。

朱老师将一生的心血都献给了国家和学术，国家和社会也给予了朱老师许多的荣誉。1988 年获"国家有突出贡献的中青年专家"称号。同时还担任（或曾担任）国家教委学位委员会学科评审组成员、国务院学位委员会历史学科评议组成员、国家社科基金评审专家、全国古籍整理出版规划领导小组成员、点校本"二十四史"及《清史稿》工作委员会委员、《中国大百科全书·中国历史·隋唐五代史》副主编、中国唐史学会会长、中国史学会理事、中国敦煌吐鲁番学会理事、湖北省文史馆副馆长、湖北省中国史学会副会长、美国罗杰伟唐研究基金会学术委员等。

朱老师以上成就的取得，除了他的刻苦钻研，对学术的执着之外，我认为主要有以下几个因素：第一，朱老师具有江南人的细腻和聪慧。自明清以来，江浙就是出状元最多的地区，新中国成立前的中央研究院院士和新中国成立后的两院院士也是江浙地区占绝对多数。唐先生是江苏吴江人，朱老师是浙江海盐人，他们都具有江南人的细腻和聪慧；第二，朱老师长期从事敦煌吐鲁番文书的整理与研究，多次赴新疆、敦煌等地整理文书、学术考察和参加学术会议，在新疆、甘肃生活工作的时间很长。大西北厚重的文化底蕴和大漠戈壁、黄土高原的熏陶，造就了朱老师海纳百川的广阔胸怀和粗犷、豪放的性格；第三，尤其需要说明的是，在他的人生中遇到了一位人品、学问堪称一流的好老师——唐长孺先生，并有幸长期在唐先生身边学习和工作，得到了唐先生学问和人品的真传；第四，从早期从事吐鲁番文书的整理工作，到后来又长期担任国家级学术组织的许多工作，朱老师都与国内一流学者有着密切的接触、联系与交流，使他具有了宽广的学术视野和独到的学术眼光。可以说，正是这许许多多机遇的有机组合，才成就了今天的朱雷老师。

（根据 2016 年 5 月 21 日在武汉大学举行的"敦煌吐鲁番文书与中古史研究——朱雷先生学术成就座谈会"上的发言稿增补而成，删节稿发表于《中国社会科学报》2016 年 7 月 12 日）

我所了解的朱雷先生点滴

如果从 1983 年与朱雷先生第一次见面算起，已经 33 年了。就是从 1997 年正式跟先生学习算起，也快 20 年了。

从 1997 年进入师门到毕业离校，不论是在西北师范大学，还是后来的南京师范大学、浙江大学，我都与先生有比较多的接触和密切的联系，也对先生有了更多的了解。

一、从相识到成为先生的博士生

我最早见到朱雷先生，是 1983 年 8 月在兰州召开的中国敦煌吐鲁番学会成立大会上。当时，武汉大学的参会阵容很强大，由唐长孺教授带领朱雷、陈国灿、卢开万、程喜霖先生参加，其中唐长孺和朱雷先生还是当时给中央领导同志写信的 22 位专家中的两位。我当年 7 月在西北师大历史系毕业，留在了刚成立的西北师大敦煌学研究所，而西北师大是会议的主办单位之一，我便被派在会务从事接待工作。当时的我不善于沟通联系和交谈，对朱雷先生也只是仰望，可能没有单独说过一句话。

1986 年，国务院学位委员会公布了第三批博士生导师名单，其中就有武汉大学的朱雷先生，这在当年可是轰动学术界的重大新闻。因为前三批中国古代史的博士生导师全国只有 37 位，除了中国社会科学院的 8 位（王毓铨、杨向奎、胡厚宣、蔡美彪、瞿同祖、田昌五、杨希枚、林甘泉）外，北京大学最多，共有邓广铭、周一良、田余庆、张广达、许大龄 5 位，南开大学有 3 位（郑天挺、王玉哲、杨志玖），厦门大学也有 3 位（傅家麟〔即傅衣凌，国务院学位委员会公布博士生导师名单时使用"傅家麟"〕、韩国磐、杨国桢），其他高校都只有一两位，如武汉大学的唐长孺、朱雷，北京师范大学的何兹全、赵光贤，四川大学的徐中舒、缪钺，南京大学的韩儒林、陈得芝，中国人民大学的戴逸、王思治，吉林大学的金景芳，复旦大学的杨宽，华东师范大学的吴泽，山东大学的王仲荦，河北大学的漆侠，北京师范学院的宁可，杭州大学的徐规，东北师范大学的李洵等，都是大名鼎鼎、在学界颇有声望的学者。朱雷先生能列其中，就说明了他在史学界的影响和地位，他的学术贡献已得到了学界与国家的认可。尤其难得的是，在前三批博士生导师中，人文学科的导师年龄都偏大，据我所知，在 50 岁以下者只有 3 位，除了朱雷先生外，还有杨国桢先生和杭州大学的郭在贻先生（汉语史专业）。

在当时的学术界，尤其是高校历史系，谈到以上学者，或与以上学者有一定的联系或交往，那是莫大的荣幸。由于特殊的机缘，在大学学习阶段，我就聆听了宁可、田昌五先生的学术讲座，在 1983 年的中国敦煌吐鲁番学会成立大会上，又见到了唐长孺、张广达、朱雷先生。

1992 年初，我将刚出版的拙作《敦煌学述论》寄朱雷先生一本，很快就收到了朱先生鼓励有加的回信，但由于朱先生在我心目中的地位实在太高大了，也就不敢多打扰，也未继续联系。

1994 年，在敦煌参加国际学术研讨会时，与朱先生有了较多的接触，才感觉到朱先生非常和蔼可亲，没有架子，在敦煌研究院的会议室门口，我还与朱先生、新疆博物馆的吴震先生合影留念。会议期间，朱先生与我们年轻人聊天，非常融洽愉快。中间某一天，我的一位朋友对我说：朱先生向他打听我是在哪里读的博士，他回答说：刘进宝没有读博士，只是硕士毕业。当天晚上，朱先生来我房间聊天中说到，明年要在武汉大学举办中国唐史学会年会，你可以来参加，我们给你发邀请。临走时还说：你可以考虑读读博士。

敦煌的会议结束后，朱先生又到了兰州，与甘肃高校、文博单位的有关学者进行了学术交流。由于当时正在兰州举办首届丝绸之路艺术节，而兰州到武汉的火车每天只有一趟，想买软卧车票是非常困难的。我通过西北师大专家楼的售票人员，帮朱先生买到了兰州到武汉的软卧票。我送朱先生到车站，朱先生上车后又专门下来对我说：你如果要考博士，我愿意招你。

1995 年 8 月在武汉大学参加唐史会议前后，与朱先生有了较多的接触，也更加了解了朱先生的平易近人。会后我在武汉大学又多住了两天，朱先生请我们吃饭，还考虑到会后我的住宿费可能不好报销，曾想让我住在他的博士生杨洪权的宿舍。

1996 年 4—5 月间，我收到了武汉大学历史系友人的信，说武汉大学的博士招生报名已经结束，经查询，我没有报名。因为我是学俄语的，以前中国古代史招生中的外语没有俄语，朱先生专门请学校增加了俄语。我如果报考，现在赶快准备材料，办理补报手续。由于各方面的因素，1996 年我未能报考博士。但与朱先生的联系则比较频繁和密切了。

1997 年博士招生报名开始后，我曾想报考朱先生的博士，但还是未能如愿。只好报名随朱先生做高级访问学者。

1997年9月到武汉大学，安排好住宿等后，当天晚上就去朱先生家拜访。聊天后朱先生送我回到宿舍，他看了住宿条件后说：条件还不错，可以在这里好好读书。

在武汉大学做高级访问学者时，我与朱先生又谈到了读博士的问题。朱先生让我一边看书一边准备博士考试，其他的都不要考虑了。

1998年我参加了武汉大学的博士生入学考试，幸运的是都过关了，当年的外语成绩线是50分，我考了51分，刚好过线，没有让朱先生为难，这一点我也很欣慰。

二、先生对西北的关心和帮助

由于朱先生的研究重心是吐鲁番和敦煌文书，曾陪同唐先生在新疆整理吐鲁番文书，又多次赴西北考察，与新疆、甘肃的文博单位、高校都建立了比较密切友好的关系，也特别关心、支持西北的历史、文博工作。如我考取武汉大学的博士研究生后，由于学校要求不转人事关系，在职攻读学位。按照武汉大学的要求，在职攻读一般是委托培养，即要缴委培费。朱先生充分考虑到西北的经济状况，便找武汉大学相关部门将我录取为定向培养。按照国家的政策，定向培养只缴几千元的定向费，朱先生便让我从母校西北师范大学开了证明，即西北欠发达地区经济落后，希望减免定向费。正是由于朱先生的多次交涉和努力，武汉大学未收西北师范大学一分钱的定向费，这在当时不能说是绝无仅有，但肯定是非常罕见的。

在武汉大学读博期间的2000年，我西北师范大学的一位同事报考了武汉大学世界史的博士。由于该同志的一门成绩未过线，按照规定是不能录取的。我们就到朱先生家里向先生说了此事，并希望先生帮忙。朱先生听了我们的叙述后说：西北的教育相对落后，目前甘肃省还没有一个世界史的博士点，世界史人才更是缺少，当地不能培养。由于经济欠发达，其他地区的博士毕业生又不愿意去甘肃工作。现在中央开发大西北，我们无法从经济上支持，也不能派人去，但我们可以帮助培养，这也算是为开发大西北做的贡献。并说：我以这个理由去找研究生院，如果研究生院不同意，我就直接去找校长。为了尽快解决问题，先生没有耽搁，与我们一同下楼，直接去研究生院了。

大约半个小时后，先生从研究生院出来了，他说：问题解决了，已经同意破格录取。可见先生对西北的感情是很真切的。

在我开始读博士时，武汉大学历史学院的领导曾给朱老师说：争取在刘进宝毕业前，让其与西北师大脱离关系，将关系转过来，等毕业时就留下来，朱老师当时是答应的。在我毕业前夕，有几位老师给我说：他们建议将我留下来，但不知朱老师是怎么想的，就是不表态。2009年在一次会议上，我见到了武汉大学哲学专业的郭齐勇教授，郭教授与我聊天时曾说：你毕业前夕有人给我说要将你留下来，学院也同意，怎么后来就没有消息了。（在2000年8月武汉大学、武汉测绘科技大学、武汉水利水电大学、湖北医科大学四校合并成立新的武汉大学时，原武汉大学文学院、历史学院、哲学学院合并成立了人文学院，郭齐勇先生任人文学院院长。）

实际上我心里很清楚，朱老师从内心来说想将我留在身边，但他的理念又不允许，即西北落后，不能挖西北的人才，因此他是鼓励、支持我回西北工作的。

在我毕业前夕，曾有北京、上海的单位与我联系，我将情况告诉先生后，先生说：西北落后，缺人才，你应该回原单位去。正是由于朱老师的坚持或者说是固执，我2001年6月博士毕业后就回到了西北师范大学。

也正是由于朱老师的态度，我后来离开西北师大到南京师大工作时，就没有告诉先生，怕他反对。等我办好所有手续到南京师大上班后才将信息告诉了朱老师。这时候生米已经煮成了熟饭，先生就不会明确反对了，但我知道先生的内心是不满意的，他认为我不应该离开西北。

另外，据我所知，先生对甘肃的学术文化是尽可能大力支持的，在教育部、国家社科基金的评审中，同样条件下尽量为西北，尤其是新疆、甘肃的单位争取。如当年课题的平均经费是2万元，但主审专家可以提出上下浮动的建议，朱老师常常就会建议条件比较好的北京、上海等地的项目为1.5万元，而以西北地区经济落后，交通不便，查阅资料所需要的经费较多为理由，建议将西北地区的项目经费增加为2.5万元。

作为国务院学科评议组专家，朱老师在博士点、硕士点的评审中，同样条件下也尽量关照西北地区，给予尽可能多的支持。

三、先生做人的风格

据我的观察和了解，先生对越亲近的人要求越严。我亲身经历的是中国唐史学会理事的选举。我的硕士生导师金宝祥先生是著名的唐史专家，也是首届中国唐史学会理事。此前，由于金先生年事已高不再担任理事而转为顾问，在1998年学会换届时，西北师大没有理事。学会秘书处征求了金宝祥先生的意见，金先生推荐了我。当时的唐史学会秘书长、陕西师范大学的马驰教授将此情况告诉了我，并将我列入了理事候选名单。

前已述及，1998 年我考上了朱雷先生的博士生，1998 年 10 月我是从武汉赴西安参加唐史学会年会的，并且是与朱先生一起去的。因为当时的唐史学会会长是厦门大学的郑学檬教授，朱先生是副会长，并且已经决定由朱先生担任下届会长，因此，郑学檬先生、朱雷先生都是提前一天到会。我由于陪同先生，也是提前到会，马驰先生来车站接我们，并将我和先生安排在同一房间。

晚上郑先生、朱先生、马先生等学会领导碰头，其中之一就是增补理事问题。朱先生回来后对我说：虽然金先生推荐了你，西北师大也没有理事，但你的理事我不同意，建议你这次不要上，下次再上。我给他们（指郑学檬、马驰先生等）说了，你的工作由我来做。因为我要当会长，而你又是我的博士生，这样不好。西北师大的这个名额空下来，等下次你毕业了再上。

作为学生，再加上我对此类事本来就不是很在意，就愉快地接受了朱先生的建议。

2001 年 8 月在山东青岛召开唐史学会年会，又涉及理事会的改选。前已说过，先生对西北的感情很深，也非常关注西北的发展，因为他知道我虽然还在兰州，但已有离开西北师大的打算，所以作为新一届唐史学会会长的朱先生，仍然不让我担任理事，占西北师大的名额。

另外，在评项目、评职称方面，朱先生也一直是对最亲近的人反而要求最严，最后常常卡的是身边人、自己人，从而也使部分人误会、疏远，甚至还得罪了一些人。朱先生就是这样的性格，他绝对不是有意要卡哪一位！但谁又能理解呢！我曾经在心中也有过怨言啊！

另如先生从来没有给自己学生的书写过序言，我的《唐宋之际归义军经济史研究》是在博士学位论文的基础上增补而成的，而博士题目是朱先生定的，也是朱先生指导完成的博士论文。但当准备出版时，我请朱先生写序言，朱先生仍然是断然拒绝，其理由是：你是我的学生，有些好话我不能说，我说了没有权威性，也缺乏可信度，应该请别人写序言。

虽然如此，我知道朱先生对我的书还是很关注的，当他得知中国社会科学院荣誉学部委员、著名汉唐史专家张泽咸先生在《书品》发表专文，对《唐宋之际归义军经济史研究》有较高评价时，他很高兴，并让我复印几份寄他。他要让别人知道，他的学生的著作还是不错的，得到了全国著名学者的好评。

朱先生对自己人、身边人可以说是不帮忙的，但对别人则是不遗余力地帮助，甚至可以牺牲自己的利益。例如 2001 年先生赴台湾参加"21 世纪敦煌学研讨会"时，由于先生没有去过台湾，而他在台湾还有亲戚，想顺便见面叙旧，因此就让我给主办方的郑阿财教授说明，希望在台湾多停留几天。郑阿财教授经过努力办成了此事，这样朱先生可以在会后多待一周，拜访亲友、游览台湾。但当我们在武汉大学准备出发时，朱先生接到通知，马上要评定职称了，而朱先生又是历史学科的评审组长，这时有位拟参评的老师找到朱先生，希望朱先生会后立即回来参加职称评审。当我们在台湾的会议即将结束时，朱先生说要与代表们同时返回，不去访亲了，其原因就是要赶回来参加职称评审。当时好几个人都劝朱先生：你来一次台湾不容易，而且有多年未见的亲友，已经为你办好了停留手续，这是很不容易的，你应该多待几天。但朱先生还是执意要回。有人曾问：你回去能保证这位老师评上教授吗？朱先生说：那不能保证。我回去评不上，他就不会怪我了，我如果不回去而评不上，他就会认为我不帮忙。这样就又请郑阿财夫妇帮忙办理机票改签。由于时间紧急，而从台湾到香港的机票改签需要单独付 500 港币。当时的港币比值高于人民币，朱先生就换了 500 港币，当到柜台时才知道，缴的不是港币而是台币，朱先生又要将港币换成台币。这样几次的兑换，朱先生准备的钱不够了，恰好我手上有几十元，就给了朱先生。

按照行程，朱先生晚上才能回到武汉，而当天又是学科组会议的最后一天，就只好将会议安排在晚上。当先生从香港到深圳，又从深圳飞到武汉时，已经到晚上了。先生就从机场直接打车到会场，一路上没有顾上吃饭，就在门口买了面包充饥。

另如先生从不给自己学生的著作写序言，更不要说写书评推荐了。但对不是学生的求学者又是无私地帮助，如目前在西南民族大学工作的王启涛兄，当其编著《吐鲁番出土文献词典》时，朱先生不仅帮助审稿，而且还撰写序言，并在《光明日报》发文推荐。

先生待人宽厚，但对学术非常真诚，对于学术作假、抄袭等也是毫不留情。不论是在职称评审，还是在评奖或社科基金评审中，都是实事求是，坚持原则，不怕得罪人的。

四、先生的人格魅力

按今天的话来说，先生是根正苗红，既是革命后代，又是世家子弟。正是因为先生历史清白，又是革命后代，所以做起事来就少有顾忌。如先生在武汉大学历史系读书时，就阅读了朱芳圃的《甲骨学商史编》、杨树达的《积微居小学述林》、唐长孺的《魏晋南北朝史论丛》等论著。当 1958 年秋"教育革命"开始后，先生任班长，以为可以在课程设置、讲授内容及方法上做些改革。在讨论中有些没读什么书的人，说要批倒批臭王国维、陈寅恪、唐长孺，先生忍不住说：我没有你们那样大的志向，如果一辈子能读懂他们的著作，我就心满意足了。当然还有更多其他的不合时宜的观点，这样先生就成了"大白旗"被批判了。专用的大批判教室内，宿舍周边墙上贴满了批判的大、小字报，最后班长也被罢了。（参阅朱雷《从"走近"到"走进"——敦煌吐鲁番文书的追求历程》，载《敦煌吐鲁番文书研究》，浙江大学出版社 2016 年版）

与先生接触，感触最深的是先生从不背后议论别人的不是或不足。当我们偶尔谈到某些单位或人的不足后，先生都是制止，并马上说出这些单位或人的长处及贡献。对先生他们那一代人来说，经过"文革"及一系列运动的风风雨雨后，肯定会留下了一些阴影，也会有一些误解、不满甚至矛盾，我也听有人说过先生的不是，但先生从来没有说过别人，最多只是沉默罢了。我在《段文杰与敦煌研究院》（载《敦煌研究》2014 年第 3 期）一文中曾写道："'内心无私天地宽'，'从不背后议论人'，正是段文杰先生高尚人格的真实写照。俗话说：来说是非者必是是非人。人心自有公道，人心自有公理。"不背后说别人的坏话或不是，正是先生品格高贵、光明磊落的人生写照。段文杰先生是如此，朱雷先生也是如此。

先生这种高贵的品格，对我们有着潜移默化的深刻影响。我也时刻以先生为榜样，并非常欣赏哲学家杨耕教授的处世风格："我不太在乎别人对我的议论、评价。如果别人说的的确是我的缺点，我努力改正就是了；如果别人说的不是我的缺点甚至是'恶毒攻击'时，我也不在乎，因为这不是我的过错。""所以，当我被别人误解时，一般不去解释，因为对明白人，你不解释他也明白；而对不明白的人，你越解释他越不明白。在我看来，随着时间的推移，尘埃会落定，而'公道自在人心'。"（桂琳《杨耕：与哲学连成一体》，载《中华读书报》2010 年 3 月 31 日 7 版）

　　我1997年到武汉大学跟先生做访问学者时，年龄相对比较大，并已经评上教授了，随后继续读博士，先生自然对我要求相对宽松一些。当在先生家或其他场合遇见有关学者介绍时，先生都是说这是西北师大的刘进宝教授，我会立即更正说：我是先生的学生，正在跟先生读博士。先生马上就会说：人家是带艺拜师。即先生一直将我作为同行学者看待。

　　先生是浙江海盐人，出生在上海，学习、生活、工作在武汉，既具有知识分子的正气和骨气，又具有江南人的细腻和委婉。而我生长在甘肃，并长期在甘肃学习、生活，具有的是西北人的粗疏和直率。

　　先生从1974年开始跟随唐长孺先生整理吐鲁番文书，一直到1986年1月底结束整理工作，期间还一直帮唐先生料理生活，可以说将最美好的年华都献给了吐鲁番文书的整理，尤其是10卷本的《吐鲁番出土文书》，倾注了先生大量的心血，也是国内外对吐鲁番文书最熟悉的专家之一。但当先生的《敦煌吐鲁番文书论丛》交出版社发排后，需要一张照片放在前面，先生找到了一张与本书内容相关的照片，即1976年唐山地震后不久在北京整理吐鲁番文书时与唐长孺先生的合影。当我离开武汉刚到兰州，还没有来得及将照片交给出版社时，却接到了先生的电话，不让书前放他与唐先生的合影，别人会以为他是拉大旗做虎皮，并让我将照片还回。我只好照办了，现在想起还是比较遗憾。

　　2000年下半年，当我的博士论文初稿完成，先生看过后说：你论文中的一个词，吐鲁番文书出现过，你应该看看。我早已购买了10册全套的《吐鲁番出土文书》，也基本上全部读过，但对该词没有印象，就问先生在哪一册，先生说：哪我记不得了，你自己从头看肯定能找到。没办法，我就将10本《吐鲁番出土文书》认真看了一遍，还是没有发现。我想可能是自己不认真仔细，就又非常认真地将10本文书从头到尾再看了一遍，还是没有。这样我就很自信地去告诉先生，《吐鲁番出土文书》中没有这个词。先生笑笑说：那可能是我记错了。后来我才感悟到，先生认为我长期从事敦煌学研究，对敦煌文书相对比较熟悉，但对吐鲁番文书还不是很熟悉，就用这种办法让我熟悉吐鲁番文书。

　　了解了先生的委婉与含蓄后，我也时时提醒自己应该向先生学习，但西北人的直率总是无法改变，有时还会冲撞到先生。记得1999年年底前，快放寒假了我要回兰州，也要将先生《敦煌吐鲁番文书论丛》的最后校样和后记带回去，但先生的后记一直没有写，甚至连修改的时间都没有。有一次我找到先生，希望先生第二天能改好后记，先生说次日要去省政协开会，我实在忍不住了就说：您明天不去行不行。先生可能根本没想到我会对他这样说话，

作者与朱雷先生在敦煌考察

他看着我，过了一会才说：那我明天不去开会了，我们改稿子。

虽然我"胜利"了，但我非常后悔，内心也很自责，怎么能这样对先生说话呢！此后，我就一直在提醒自己，一定不能太直接、直率，要委婉一些、含蓄一些，但过后又忘记了。真的是江山易改，禀性难移。

先生应该知道我不是故意顶撞他，仅仅是性格使然。因此当我2002年调到南京师大后，有次他来南师大讲学，临走时对我们的领导说：刘进宝是西北人，性格直率，如果有顶撞之处希望多担待。并私下对我说：如果有不同看法或意见，最好下面沟通，不要当面指出，免得别人难堪或尴尬。

以上啰哩啰嗦地写了我所了解的先生，这只是生活中的先生，学术以外的先生，而且仅仅是自己的感知，很不全面。献给先生的八十大寿，祝先生健康长寿！身心愉悦！

(原载《敦煌吐鲁番文书与中古史研究：朱雷先生八秩荣诞祝寿集》，上海古籍出版社2016年版)

姜伯勤先生对我的帮助和指导

  姜伯勤先生是著名的历史学家，尤其在敦煌学研究方面成就卓著，是他们那代学者中从史学方面研究敦煌学最杰出的一位。

  我知道姜伯勤先生的大名是在读大学三年级时，1982 年 6 月，《敦煌研究》试刊号由甘肃人民出版社出版，其中就有姜伯勤先生的大作《论敦煌寺院的"常住百姓"》。我虽然读了几遍，对内容也不是很懂，但姜先生的大名却印入了我的脑海之中。

  和姜先生的第一次见面，是 1983 年 8 月在兰州举行的中国敦煌吐鲁番学会成立大会和 1983 年全国敦煌学术讨论会上。当年我大学刚毕业留在西北师范学院（现西北师范大学）敦煌学研究所，而西北师范学院是大会主办单位之一，我作为主办单位的工作人员参加了会议的接待服务工作，姜先生则是作为专家学者参加会议。在当年参加会议的专家学者中，姜先生是 45 岁的副教授，还是属于年轻的专家，但已经是非常"有名"了。他不仅提交了《敦煌的"画行"与"画院"》的学术论文，还在 15 日的大会开幕式上被选举为大会主席团成员。主席团成员共 19 人：

  于忠正：甘肃省教育厅副厅长

王朝闻：中国艺术研究院副院长、研究员

马济川：国家文物局副局长

宁　可：北京师范学院历史系副主任、教授

伏耀祖：甘肃省社会科学院院长

任继愈：中国社会科学院宗教研究所所长、研究员

沙比提：新疆维吾尔自治区文化厅文物处处长兼博物馆副馆长

陆润林：兰州大学副校长、教授

杨敏政：西北师范学院副院长

季羡林：北京大学副校长、教授

段文杰：敦煌文物研究所所长、研究员

赵友贤：甘肃省文化厅副厅长

姜伯勤：中山大学副教授

饶宗颐：香港中文大学教授

流　萤：中共甘肃省委宣传部副部长

唐长孺：武汉大学历史系主任、教授

常书鸿：文化部文化艺术委员会委员、研究员

章学新：教育部高教一司处长

黄文焕：西藏社科院所长

主席团成员由主管、主办单位的领导和专家学者代表组成，这里面姜伯勤先生的年龄最小（45 岁），职称最低（副教授），也是唯一没有任何行政职务的学者。

我在会上做接待服务工作，但由于没有见过世面，非常胆小，根本不敢与这些著名专家学者交流。虽然在分组讨论时我与姜先生在同一个组（遗书组），但可能与姜先生没有单独说过话。

虽然在以后的 1985 年新疆、1988 年北京敦煌吐鲁番学术研讨会上，都与姜先生见面，但基本上没有单独交流。与姜先生有比

较密切的接触是在 1993 年，当年，我们赴香港参加第 34 届亚洲、北非人文科学大会，敦煌组的召集人是香港中文大学的饶宗颐教授，内地敦煌学界的代表是在广州集中，然后坐火车赴香港。那次会议中国内地高校的代表不多，只有姜伯勤、项楚、陈国灿、张涌泉、荣新江和我等不多的几位。在广州就住在中山大学校内，具体就是由姜先生安排接待的。

这时候姜先生的地位已经非常高了，1990 年被国务院学位委员会批准为中国古代史专业的博士生导师，随后又成为国务院学位委员会第三届学科评议组成员。

在香港回广州的火车上，我与姜先生坐在一起聊天，无意中谈到了考博士之事。姜先生说：你如果要报考我的博士，外语要争取过关。我前面已经招收了一名外语不过关的考生，我是专门找学校领导谈的，也提出了具体的理由，学校领导给我面子同意了。我再不好意思第二次为外语成绩找学校，就算我找了，学校也不一定再次给我这个面子。虽然由于各种原因我没有报考姜先生的博士，但姜先生对我的厚爱，我是铭记在心的。

1998 年，我考取了武汉大学朱雷先生的博士研究生。由于姜先生曾随唐长孺先生整理吐鲁番文书，与朱雷老师有着非常好的友谊和私交，对我也自然有了亲近感。1999 年，姜先生赴兰州公干时，住在西北师范大学专家楼，当我与姜先生聊天，姜先生知道我正在帮朱雷老师整理编辑和出版《敦煌吐鲁番文书论丛》时说：你无私地帮老师做这些很实在的事，老师怎能不将他的真本事教给你呢！后来我的博士论义《归义军赋役制度研究》请姜先生评议，姜先生提出了很好的建议和意见。在我以后从事归义军经济史研究时，姜先生当面或电话中多次提醒我：刘进宝，你一定要将归义军史放在全国和世界的视野中，绝对不能做成甘肃地方史或

姜伯勤教授（左2）、朱雷教授（左3）、吴羽（左1）与笔者在常书鸿工作室前（摄于2004年8月）

河西地方史，那样的话就是死路一条。姜先生的教诲我一直铭记，在研究归义军经济史时，一直注意将其置于唐宋之际经济的传承与演变中。当我的《唐宋之际归义军经济史研究》出版后，姜先生仍然十分关心我的后续研究，认为我应该开辟一个新的方向。这个新方向，既要与我的能力相匹配，就是说我要有能力完成，又要尽量与工作环境和条件相结合，他曾在电话中说让我好好谋划一下，他也帮我考虑考虑。后来我们在敦煌见面时姜先生又主动谈到了这一话题，最后他说：唐长孺先生写过《南北朝期间西域与南朝的陆道交通》。你现在在南京，又是甘肃人，对西北比较熟悉，有条件也有能力做西域、敦煌与南朝的关系。虽然由于我学术兴趣的转移，后来将精力放在了敦煌学学术史方面，但对姜先生的关怀是无法忘怀的。

　　经过几年的思考，2007年初，我有了在敦煌学百年之际（2009

年）对敦煌学学术史进行总结与探讨的设想，就想先从自己熟悉的历史学方面组织一组学术笔谈，而姜先生是历史学界研究敦煌学的代表人物，自然不能没有姜先生。当我在电话中向姜先生详细汇报了自己的设想后，姜先生表示支持，从而有了我组织的第一组敦煌学学术史笔谈——池田温、姜伯勤、樊锦诗、郝春文、荣新江、刘进宝6位的稿件。正是因为有了这组文章，使我想更加全面地回顾和总结敦煌学研究的状况，就开始向国内外著名敦煌学家约稿，于2009年在敦煌学百年之际编辑出版了《百年敦煌学：历史·现状·趋势》（甘肃人民出版社）。

姜伯勤先生的学术著作主要有《唐五代敦煌寺户制度》《中国祆教艺术史研究》《敦煌艺术宗教和礼乐文明》《敦煌吐鲁番文书与丝绸之路》《敦煌社会文书导论》《石濂大汕与澳门禅史——清初岭南禅学史研究初编》《饶学十论》等。

姜先生的著作我都有，也基本上都读了，当然，因我没有明清史和禅史的基础，像《石濂大汕与澳门禅史》这样的著作我是根本读不

姜伯勤《唐五代敦煌寺户制度》增订版

懂的。在姜先生的著作中,对我影响最深,或我认为最好的一本是《唐五代敦煌寺户制度》。有次与姜先生通电话时,我们聊到了这一话题,姜先生曾问道:"你认为我的哪部著作最好?"我毫不犹豫地就说到了《唐五代敦煌寺户制度》,姜先生否定了,他自己觉得最好的是《石濂大汕与澳门禅史》。我回答说:"可能是我不懂禅宗,也不熟悉明清史的缘故,可能看不懂《石濂大汕与澳门禅史》,所以认为《唐五代敦煌寺户制度》最好。"

我早年在《敦煌研究》试刊号读到姜伯勤先生的论文《论敦煌寺院的"常住百姓"》,就是《唐五代敦煌寺户制度》中的一节。而姜先生在 1983 年的中国敦煌吐鲁番学会成立大会和 1983 年全国敦煌学术讨论会上当选为主席团成员,可能正与他的敦煌寺户研究有关。《唐五代敦煌寺户制度》的初稿写于 1972 到 1977 年,1978 到 1980 年又进行了重写,1981 到 1982 年又进行了重订,一本书整整写了 10 年。姜先生在 2011 年中国人民大学出版社的增订本《重印后记》中说:"本书撰写正式开始于 1972 年,其时我刚从五七干校回到中山大学历史系。1977 年年底在国家文物局吐鲁番文书组忝陪末座,得到唐长孺先生指导,并承马雍先生、朱雷先生、王尧先生、黄振华先生多有指教。1980 年在整理组资助下,得以去敦煌请益,并得到段文杰、史苇湘诸先生教导。在敦煌,有幸读到宿白先生《敦煌七讲》,深受教益。"

当 1983 年召开学会成立大会和学术讨论会时,《唐五代敦煌寺户制度》已交中华书局等待出版。而当时全国正在流行"敦煌在中国,敦煌学在日本"的传说,而姜先生关于敦煌寺户的研究,代表了国际学术前沿,被认为是改变此前"敦煌在中国,敦煌学在日本"状况的代表性论著。在季羡林所作的大会筹备工作报告中谈到我国敦煌吐鲁番学研究的状况时说:"姜伯勤先生的《敦煌寺院经济》等专著也即将出版。"《唐五代敦煌寺户制度》于1987年由中华书局纳入"中华历史丛书"中出版，2011年又被收入"当代中国人文大系"由中国人民大学出版社出版了增订版。

2009年8月13日，我与姜先生通电话时，姜先生正在看人大社新版的《唐五代敦煌寺户制度》校样，就对我说：你原来说我的著作中《唐五代敦煌寺户制度》最好，我当时不同意。现在我又一次看校样读这本书时，感觉你的看法是对的，我有6本书，最好的是《唐五代敦煌寺户制度》和《石濂大汕》。

姜先生曾在电话中对我说：他虽然身体很差，但还在一直努力工作，要写两本书，一本是《石濂大汕》二编，另一本是研究陈寅恪的，书名是《陈寅恪的独立精神与自由思想——陈寅恪先生治学路径与俗谛学》，题目中的文字都是陈寅恪的《王观堂挽词》上的。关于陈寅恪先生，虽然姜先生已经发表了《陈寅恪先生与敦煌学》《〈柳如是别传〉与读书方法》《论陈寅恪先生"新方法""新材料"之史学"试验"——陈寅恪先生〈书信集·致刘铭恕〉解析》《试论陈寅恪先生〈李义山无题诗试释〉评语与学术理性精神》《杜国庠先生与陈寅恪先生——兼释陈寅恪先生诗"西天不住住南天"句》等学术论文，但由于近年来姜先生的身体原因，他所说《陈寅恪的独立精神与自由思想——陈寅恪先生治学路径与俗谛学》一书一直没有着手进行。2015年底，为编辑朱雷先生八秩荣诞祝寿集，我与孙继民、程存洁师兄到姜先生府上请教。姜先生对我们编辑朱老师的祝寿文集很高兴，不仅给我们签名赠送了《饶学十论》，而且还提供了一篇新作贡献文集，这就是收在《敦煌吐鲁番文书与中古史研究：朱雷先生八秩荣诞祝寿集》首篇的《唐开元间吐鲁番文书所见的"作人"——与麹氏高昌时期与部曲相似的"作人"的比较》，因为朱先生发表过非常有影响的《论麹氏高昌时期的"作人"》一文，姜先生的大作就是对朱老师论文的深化和补充。

　　不论是读姜伯勤先生的论著，还是与姜先生谈话聊天，都是一种精神上的享受。我真心盼望姜先生身体健康！希望正在编辑的《姜伯勤文集》尽快出版，嘉惠学林。

　　（原载向群、万毅编《姜伯勤教授八秩华诞颂寿史学论文集》，广东人民出版社 2018 年版）

我们究竟如何治学

——读石泉先生《甲午战争前后之晚清政局》的体会

近几年来，学术界关于学术规范、学术打假的讨论日渐增多，有些刊物，如《历史研究》《中国史研究》《史学理论研究》等七刊编辑部还发出了《关于遵守学术规范的联合申明》。在这种背景下，阅读石泉先生的《甲午战争前后之晚清政局》一书，给我们的启示并不仅在书的内容，而且在内容之外的启示似乎更大一些。

我知道石泉先生的

石泉《甲午战争前后之晚清政局》

大名，是因为他在历史地理，尤其是在荆楚历史地理方面的巨大成就。20世纪80年代中期他被聘为国务院学位委员会第二届学科评议组成员，而且是国内四个历史地理学博士点学科带头人之一（历史学科共三个，另两个是复旦大学的谭其骧先生和陕西师范大学的史念海先生，还有一个属地理学科，是北京大学的侯仁之先生）。

由于一种机缘，我于1997年开始，先后在武汉大学历史系随朱雷先生做访问学者并攻读博士学位。由于朱雷先生与石泉先生同在一系，且同住一幢宿舍楼，再加上我与石泉先生的关门弟子袁为鹏兄三年同学，故能拜访石先生，并常常谈论石先生，对先生的为人、治学等方面也就了解渐多。

石泉先生此书，是1948年在燕京大学研究院完成的硕士学位论文，也是陈寅恪先生指导的惟一一篇属于中国近代史的学位论文。据作者自序，1948年8月，此篇论文"清缮方毕，未及最后校阅，即逢国民党政府之'8·19'点名拘捕，仓促脱身离校，进入华北解放区。清缮本虽得师友帮助，代为上交学校，但解放后经院系调整，久已不知下落。而本人身边之底稿，亦在'文革'中荡然无存"。后于1991年获悉，在北京大学图书馆接收的燕大图书馆资料中，竟然保存有这篇论文，遂于1993年将其全文复印。然后稍加整理，于1997年由三联书店出版发行。

该书内容丰富，其在中国近代史研究方面的贡献，非我这样的门外汉所能道及，现仅对笔者有启发者：即我们究竟怎样治学？略述如下。

一、学问毕竟是久远的

当前，高校间的竞争、人才的争夺如火如荼，特聘教授、岗位津贴的推出，不仅改变了教授们的经济地位，而且使各类刊物、出版社披上了许多神秘的色彩，学术评奖也成了权力的再分配与争夺，一句话，人们都变得实际了、实惠了。在这种背景下，学术泡沫、学术垃圾的出现也就非常自然了。学者们赖以托命的学术也仅仅成了评聘职称、分配住房、享受工资待遇的衡量器，而并非是其学术水平的体现。因为当任何人都可以以教授自居，许多人都能通过这样那样的关系而可以轻易获得教授的职称时，对那些真正做学问、有真才实学的教授难道不是极大的嘲讽和打击吗？这不禁使我想起了 20 世纪 50 年代初的杨树达。

众所周知，杨树达先生是著名的语言文字学专家。新中国成立前，他就是中央研究院人文和社会科学组的院士，新中国成立后，他又是第一届中国科学院哲学社会科学部的学部委员（现改为院士）。

作为学者的杨树达，在 20 世纪 50 年代初，他的学术地位很高，生活待遇也很好，再加上 1920 年毛泽东曾听过他的课，故 20 世纪 50 年代初期，毛泽东每次回湖南，都要见杨树达，后来杨树达每有不顺心之事，也常给毛泽东写信。以杨树达这样的背景，在学术上却极不顺心。（参阅谢泳《逝去的年代·杨树达的屈辱》，文化艺术出版社 1999 年版）这是为何呢？

原来在 1952 年，杨树达所在的湖南大学"评薪，最高者为第六级。除五院长外，教授评此级者十人"。对于杨树达，大家公认为第一，而且还应该再加一级。杨树达自己也认为："平心论之，余评最高级，决不为少。"但他对这次评级却意见非常大，而且认为是对他的一种侮辱。因为杨树达认为，当时的湖大文学院院长杨荣国"学力不任教授，……似可以图书馆长或总务长任之，免其贻误后一代青年"，他"发布文字于《新建设》杂志，引金文、甲文错误百出"，却也被评为六级，杨树达对此很有意见，并给毛泽东和当时的教育部长马叙伦写信反映；另一教授谭丕谟，就连"《中苏条约》极浅之文字看不通，亦评第六级。余提议应减，无人见信也"。因此，在杨树达的内心深处，当他"与杨荣国、谭丕谟同级，则认为一种侮辱也"。（引文见杨树达《积微翁回忆录·积微居诗文钞》第 327、324、352 页，上海古籍出版社 1986 年版）

由杨树达之屈辱来看今日之大学校园，一些人为了获取职称，便不择手段，制造论文、专著，垄断评奖，甚至雇用"枪手"。以这种手段获取之职称，能让那些真正的学问家心悦诚服吗？

石泉先生此书，完成于 1948 年，50 年后出版，仍在海内外引起了轰动，就是其深厚的学术功底和长久的学术价值的具体体现，这难道不让今日的有些"教授"们汗颜吗？如果说以前的学问家不是"各领风骚数百年"的话，起码也要"各领风骚数十年"，而今日呢？有些人只是"各领风骚没几天"。因此，今日之大学，更需要的是一批潜心于学术，即将学术作为其终身追求的事业而为之奉献的学者。这当然需学者们自己的努力，但更重要的应是有关部门、领导真正重视，在制度上、规范上给予支持。

二、应该怎样指导论文？

目前，由于大学扩张、合并，追求规模效应，博士生、硕士生之招生数量骤增，其质量、水平如何？我们不好一概而论。但我们看一下以前的老师是如何指导研究生的？尤其是如何指导研究生写学位论文的？可能对我们仍有一定的启发。

从石泉先生追忆及谈论可知，1944 年秋季石泉先生开始进入位于成都的燕大研究院，成为陈寅恪先生指导下的研究生。同年底，陈先生由于目疾严重而住院治疗，手术后由石泉（陈寅恪当时惟一的研究生）出面邀集并组织燕大的男同学们轮流到医院值夜班，女同学则值白班。其论文题目的确定就是在某日夜间陪侍陈先生聊天时谈定的。当时陈先生问他想做什么题目，对哪方面感兴趣，石泉回答说对中国近代史感兴趣，并说近人王信忠写了《中日甲午战争的外交背景》一书，自己则想探索甲午战争中国惨败的内政背景，从研究晚清的满汉关系入手，进而说明为什么中国当时不能像日本明治维新那样形成强有力的核心领导集团，以推动改革、维新，反而在太平天国失败以后导致湘淮军等地方实力派逐渐得势，由统一趋于分散，终于演成后来的军阀割据。石泉将其想法与愿望说出之后，并不敢相信能够实现，因为大家都知道陈寅恪先生研究的重点是魏晋南北朝至隋唐五代史。想不到陈寅恪先生听后却表示同意，认为此题可做，但材料隐晦，必须下功夫搜寻，并善加分析、鉴别才行。此后石泉便开始搜集材料，于 1947 年春开始写作，历时一年有余，于 1948 年夏完成。（参阅石泉《甲午战争前后之晚清政局》自序及石泉、李涵《追忆先师寅恪先生》，载《纪念陈寅恪教授国际学术讨论会文集》，转引自张杰、杨燕丽选编《追忆陈寅恪》，社会科学文献出版社 1999 年版）

在论文写作过程中，每进行一章之前，石泉都先向陈寅恪先生说明自己的初步看法，经首肯，并大致确定范围后，才开始着笔。"每完成一小章或一大节，都要念给陈师听。老师记忆特别好，往往事隔多日后，听下一章的内容时仍然记得以前章节的内容，前后左右，纵横贯通地进行联系、分析，提出很有启发的意见。"（同上）

凡读过陈寅恪先生论著的人都知道，陈寅恪先生对史料非常熟悉，凡传世材料、地下出土文献、考古发现及外国资料，都能得心应手地运用。在指导研究生写论文时，更是严格。如要求学生首先必须充分占有史料，不容有丝毫遗漏，而在选用于学位论文时，则尽量筛汰，力求精练。其次则要注意史料的核实，同一史事，若彼此记载有出入者，必须认真加以识别鉴定，然后才能引以为据。据石泉先生回忆："论文中每有分析性之论点提出，先师必从反面加以质询，要求一一作出解答，必至穷尽各种可能的歧见，皆予澄清以后，始同意此部分定稿。其高度谨严之科学精神，对我此后一生的治学态度、途径与方法，皆有深远影响。"（《甲午战争前后之晚清政局》自序）

三、历史研究与政治的关系

如果我们将人类的科学分为两大部分，即自然科学和人文社会科学的话，自然科学就是研究人与自然的关系，人文社会科学则是研究人与社会的关系，而社会又是在不断发展变化的，作为人文社会科学的历史学科，又和政治有着极为密切的关系，因为今天的历史就是昨天的政治，而今天的政治又是明天的历史，即历史与政治之间总有割舍不开的、千丝万缕的联系。

当年石泉先生想研究中国近代史时，不仅得到了陈寅恪先生的首肯，而且还告知："其实我对晚清历史一直是很注意的，不过我自己不能作这方面的研究，认真作，就容易动感情，那样，看问题就不客观了，所以我不作。你想要作，我可以指导你。"（石泉《甲午战争前后之晚清政局》自序）以研究魏晋隋唐史著称的陈寅恪先生，为何对中国近代史这样感兴趣呢？这正是其一家三世爱国的体现（陈寅恪的祖父陈宝箴是戊戌维新时期主张新政的湖南巡抚，其夫人唐筼的祖父唐景崧是甲午年的台湾巡抚），也反映了其将历史研究与现实相结合的观点。早在1944年下半年抗日战争时期，陈寅恪先生在成都讲"唐史"课时就指出："首先应将唐史看作与近百年史同等重要的课题来研究。盖中国之内政与社会受外力影响之巨，近百年来尤为显著，是尽人皆知的，但对于唐史，则一般皆以为与外族无关，固大谬不然。因唐代与外国、外族之交接最为频繁，不仅限于武力之征伐与宗教之传播，唐代内政亦受外民族之决定性的影响。故须以现代国际观念来看唐史……近百年来中国的变迁极速，有划时代的变动。对唐史亦应持此态度，如天宝以前与天宝以后即大不相同，唐代的变动极剧，此点务必牢记。"（石泉、李涵《听寅恪师唐史课笔记一则》，载《纪念陈寅恪先生诞辰百年学术论文集》，北京大学出版社 1989 年版）

作为学者的陈寅恪，其实是对现实政治非常关心的，如 1945 年，寅恪先生因目疾动手术失败后，就由石泉兼任其助手，石泉"每天上午到陈师家中，首先是念报。陈师听得很认真，往往还插几句精辟的评论。读报之后，经常要问：外面有何消息？特别注意当时的学生民主运动"。（石泉、李涵《追忆先师寅恪先生》）后来，石泉在写硕士论文时，仍不时前往请教，"除了谈中国近代史的有关问题之外，陈师仍经常探询当时报纸不大登载的民主学运消息。陈师这种高度关心时事的心情，使我们深深感到：老师虽不参预当时的政治活动，但对于祖国与人民有着深厚炽热的感情，这是其父祖三代一以贯之的家风。对于国家民族的兴衰，对于中国如何在战后新时代自立于世界列强之林，陈师是一直挂心的，往往因忧国忧民而动感情以至夜不成寐。"（同上）

陈寅恪先生不仅对国家的前途、命运倍加关注，而且对现实世界明察之全，如二次大战后期，盟军方面曾酝酿要定日本天皇为战犯。石泉先生谈了报上的这条消息，寅恪先生听后立刻说："这事绝对做不得。日本军人效忠天皇，视之如神。如果我们处置天皇，日本军人将拼死抵抗，盟军则要付出大得多的代价才能最后胜利。如果保留天皇，由他下令议和，日本军人虽然反对，也不敢违抗，就会跑到皇宫门前切腹自杀。这样，盟军付出的牺牲就小得多，而且日本投降也会较易。因此，希望盟军不要做那样的蠢事。"（同上）后来，事态的发展果然与陈寅恪先生所料一致。由此亦可见陈寅恪先生对现实世界的了解与明察。

陈寅恪先生虽然十分关注现实政治，但他对学术与政治的关系又把握得非常到位，如1945年秋某日，王钟翰先生曾向寅恪先生提问：治学与政治有无关系？陈先生沉思片刻后说："古今中外，哪里有作学问能完全脱离政治之事？但两者之间，自然有区别，不能混为一谈。如果作学问是为了去迎合政治，那不是真正在作学问。因为作学问与政治不同，毕竟有它自己的独立性。"（王钟翰《陈寅恪先生杂忆》，载《纪念陈寅恪教授国际学术讨论会文集》，转引自《追忆陈寅恪》）

陈寅恪先生不仅在学术研究上倡导"独立之精神，自由之思想"，而且其关于学术与政治关系的把握，也非常值得今天的学者们深思。

2003 年 7 月

有思想的学术　有学术的思想

——读王元化的《九十年代日记》

作为学者的王元化，其学术贡献已广为学界熟知，无须我赘言。从 20 世纪 90 年代开始，显现于社会的王元化先生，虽然是以学者的身份出现，但主要是以思想启蒙和思想先导为中国知识界注入了新鲜血液，引导知识界去思考、探索和反思。读他的论著，才能真正感受什么是"有思想的学术和有学术的思想"。

元化先生的《九十年代日记》，由浙江人民出

王元化《九十年代日记》

版社于 2001 年 7 月出版。它收录了元化先生整个 20 世纪 90 年代的日记，即从 1990 年 2 月 22 日—1999 年 12 月 24 日。其中 1991年由于外出等各种原因，未能写日记，"为了补足九十年代日记这一段空白，我写了一篇回忆录来代替"。这就是本书中的"一九九一年回忆录"。

据作者后记："这部日记取名为《九十年代日记》，它和去年出版的《九十年代反思录》是姊妹篇。前者阐述了我在十年中的一些新的认识和新的思想。至于这些认识和思想是在怎样的背景下一步步形成的，读者或许可以从后者去发现它们的发展演变之迹。"

该书有非常广阔的学术视野和深刻的思想探索，阅读过程中往往使人掩卷沉思。现仅从思想启蒙和中国学术史的角度略加介绍，既可对 20 世纪，尤其是 20 世纪后二十年的思想启蒙和学术史有所了解，也可为以后编写 20 世纪学术史提供一点信息和材料。

一、对现代大学体制的探讨

关于以前的大学，谢泳先生已做了全面的介绍和深入的研究，其《旧人旧事》《学人今昔》《教授当年》《教育在清华》《大学旧踪》《书生私见》《逝去的年代》等书，都有助于我们认识过去的教授、教育和大学，能引起我们的反思。谢泳在《没有好校长，哪来好大学》一文中说："大学校长是一个大学的灵魂，好大学总是和好校长联在一起的，所以在一定意义上可以说没有好校长就没有好大学。中国现代大学起步虽然较晚，但中国现代教育是幸运的，因为她在起步的时候，有幸遇到了一批好校长，比如北大之于蔡元培，清华之于梅贻琦，南开之于张伯苓，光华之于张寿镛，浙大之于竺可桢，燕京之于司徒雷登等等，这些大学的名字总是和她们校长的名字联在一起的。我们今天说起这些大学，也还是如此，可见这些校长的魅力。"在《谁来当大学校长》一文中又说："大学校长应该由学理工的人来做？还是由学人文的来做？经常听到大学里的人有这样的议论，这议论大概是从现实而来的。因为现在的综合大学里，以学理工科出身的人做大学校长的为多。我觉得以学科出身评议大学校长，意义似乎不大。我的看法是不管你是学什么的，但只要把大学真正当做大学来办，就能办好。"

"把大学真正当做大学来办，就能办好。"大学是什么？除了教授知识（包括自然科学和人文社会科学）以外，还要有自由的思想、宽松的环境，倡导人文精神。作为大学校长，这是必备的起码条件。但现实情况到底如何呢？据元化先生1990年6月12日日记：

> 上午访顾廷龙谈古籍小组事。去谭其骧家谈天，畅谈多时。谭与郑桐荪之藩有亲戚关系。谈话时，谭出示所藏郑桐荪纪念册。……郑先生是科学家，听父亲说，他在业余的时候研究清史，造诣甚深，常常有一些史学界人士亲往问学。这和今天一些科学家只知埋头自己专业，很少过问文史哲的情况是完全不同的。一位在北方名牌大学任教的朋友告诉我，他们那里虽然已经恢复了文学院，可是那位学理工出身的校长（还是什么院士），对于人文学科一窍不通。人文学科的性质、特点、功能，会对社会发生什么影响和作用……他全都茫然不晓。他不明白学文史哲有什么用。据说，他曾说学文学的也许还可以做做宣传或者文秘工作，但学历史哲学有什么用呢？这番话曾在大学校园内传为笑柄。今天像郑桐荪那样文理兼通的科学家愈来愈少了。因此许多只懂自己专业的科学家来掌校，大学文科多办得奄奄无生息。这并不是偶然现象，

同类情况一多，其后果可知。人文精神的失落，文化水平下降，终将导致人民素质愈来愈低。须知人民素质很差，是无法实现现代化的，这是很浅显的道理，无须文理兼通如前辈科学家者也应该明白。但今天谈到人的素质问题，许多人只着眼于政治层面，而很少从人文精神的失落去考虑问题。

1997 年 5 月 8 日日记载，前几天"去杭州参加杭大百年校庆"。"杭大自原校长沈善洪退下后，改由一位理科教授继任。从此风气一变，官气日盛。""与过去相比，今日大学已成官场，大学不再以学者为荣，举行校庆时，竟以官阶相炫。"同去参加校庆的杨乐曾问别人："校庆会上为什么将王元化称为原上海宣传部长，而不称其为搞思想史的学者？"

1997 年 8 月 15 日日记：

> 一九五二年院系调整是教育界的一次"大折腾"。当时砍掉了许多有着悠久历史的著名大学，使所有大学向专业发展。在一些综合性大学内，不少院系，撤销的撤销，合并的合并，以致使一些好传统好学风丧失殆尽，至今无法恢复。经过这样的大折腾之后，元气大伤，教育水平下降，更是毋庸多言。我引为深忧的是目前教育体制又要大动了。这次相反，是朝合并的方向发展。我担心这样是不是会消灭某门课程上在不同学校所体现的不同特点与风格？

今天大学重理轻文、重官职轻学问的状况，并非一定由校长负责。但整个社会对社会科学之轻视，的确是非常严重的，更是十分危险的。如最近由广东管理科学研究院中国大学评价课题组排出的《2003 中国大学排行榜》，不仅清华大学分值远远高于北京大学，而且同在天津，以理工科为主的天津大学排名高于南开大学，同在武汉，也是以理工科为主的华中科技大学排名高于武汉大学。更有甚者，清华的自然科学得分 127.28，北大的社会科学得分 26.98，即社会科学"老大"的分量只有自然科学"老大"的五分之一。就是北大，其自然科学得分 89.58，比社会科学的三倍还多。"北大的自然科学学科（主要是理科）虽然也很强大，但社会科学学科绝对是北大的最强项，无论是在北大人的心目中，还是社会的公认度，北大社会科学学科的分量肯定要高于自然科学学科"。（参见盛大林《从排行榜看社会科学之"轻"》，载《文汇报》2003 年 6 月 15 日第 7 版）

20 世纪的大学教育，非常值得我们总结和反思。它对中国现代化建设的贡献，可谓功高且巨。但其经验教训，也是我们无法回避，更是不应该回避的。如 20 世纪 50 年代初的院系调整，近几年的大学扩张、合并等等，都需要我们做一些实事求是的分析。尤其是需要一些个案的、跟踪式的、统计学的调查分析。

二、对学位评审的意见

自从 1981 年我国实行学位制度以来，国务院学位委员会学科评议组已经更换了六届，每届评审两批。第一届评审了 1981（1981 年 11 月 3 日国务院批准）、1984 年（1984 年 1 月 13 日国务院批准）两批；第二届评审了 1986（1986 年 7 月 28 日国务院学位委员会批准）、1990 年（1990 年 11 月 20 日国务院学位委员会批准）两批；第三届评审了 1993、1996 年两批；第四届评审了 1998、2000 年两批；第五届评审了 2003、2005 年两批。目前是第六届，已经于 2010 年评审了第十一批，并于 2011 年评审了新目录（此前使用的是 1997 年的学科目录。新目录是指 2011 年的学科目录，即将"艺术学"从"文学"中分出来，成了单独的一类，下设 5 个二级学科；

"历史学"也分为"考古学""中国史""世界史"3个一级学科；同时还新设了"统计学""生态学"等一级学科）调整后的首次。

国务院学位委员会各学科评议组的组成人员，基本上都是各学科的一流专家。学科评议组人数一般为7—15人，如人数不够则由相关学科组成员兼评，学位委员会委员是当然的评议组成员。国务院学位委员会评审各单位申报的博士、硕士学位授予权，1993年以前还评审博士生导师。

学位制度的实行，不仅使我国与世界接轨，而且主要是培养了一批博士、硕士，为我国的科学技术、教育、文化等各方面的发展做出了巨大贡献。但不可讳言，在学位点的评审中，还有一些这样那样的问题。元化先生作为第一、二届中文学科评议组成员，参加了第一至第四批的评审。其日记也揭示了一些自己遇到的问题，如1990年6月23日日记：

> 下午四时去虹桥机场乘班机飞往北京，参加国务院学位委员会第三届学科评议会议。……学位委员会文学评议组中，我和李荣是从第一届连任到第三届（应为第二届）的成员。其余均因年龄超过七十而告退。在第一届成员中，我是年龄最小的，现在则进入老人行列，成为较李荣小的第二号年长者了。其余皆新进文学评议组较年轻的成员。在这些新人中间，以北大文字学专家裘锡圭最为出色，其人品学问均为第一流。

6月25日日记：

> 上午学位委员会学科评议会议开幕式。……下午小组讨论，情况和以前（第一届）不同之处，在于会议工作人员往往参与干预。

6月27日日记：

> 竟日开小组会。这届学科评议会简直无法和上届相比。

不仅参加成员在学识上相差很远，作风也两样。上届所有老先生都是认真的。每个人看资料，研究问题，直到深夜，一丝不苟，公正无私。现在却有请托说情种种徇私现象发生。结果在博导人选上劣进优退，不学无术者滥竽充数，而品学优异者却往往落选。这真使人为我国教育前途感到忧虑。

1993年9月5日日记：

> 得叶纪彬函，附博导申请书，嘱向评议组推荐。我与叶无交往，只通过几封信，但读过他的书，颇有见地，在今天文艺理论著作中称得起是上乘之作。我在国务院学位委员会评议组的职务，满二届后已退。前年在京开会时，已感到远不如第一届认真严格，评定博导人选，往往由才学以外多种因素及关系所决定，当时我曾感叹，长此以往，恐怕水平将日益下降。

这种情况，作为历史学科组第二、三届评议组成员的南开大学魏宏运先生也有记述：1993年"9月23—29日，在北京京西宾馆参加国务院学位委员会学科评议组会议，审核增加博士生指导教师和新增博士、硕士学位授权点。此时学位办公室发现个别申报单位和个人请客送礼，进行不正当活动，特别发出《关于在学位授权审核工作中严肃纪律、杜绝不正之风的通知》。"（魏宏运《魏宏运自订年谱》，社会科学文献出版社2004年版，第187—188页）

附：历史学科评议组成员名单

第一届（1981年）

吴　泽·华东师范大学

杨向奎：中国社会科学院

黎　澍：中国社会科学院

邓广铭：北京大学

韩儒林：南京大学

谭其骧：复旦大学

刘大年：中国社会科学院

苏秉琦：中国社会科学院

李学勤：中国社会科学院

吴于廑：武汉大学

郑天挺：南开大学

徐中舒：四川大学

白寿彝：北京师范大学（学位委员会委员）

夏　鼐：中国社会科学院（学位委员会委员）

第二届（1985 年）

田余庆：北京大学

石　泉：武汉大学

刘大年：中国社会科学院

齐世荣：北京师范学院

吴　泽：华东师范大学

吴于廑：武汉大学

张岂之：西北大学

杨生茂：南开大学

林甘泉：中国社会科学院

章开沅：华中师范大学

宿　白：北京大学

韩振华：厦门大学

蔡美彪：中国社会科学院

魏宏运：南开大学

戴　逸：中国人民大学

胡　绳：中国社会科学院（学位委员会副主任）

李学勤：中国社会科学院（学位委员会委员）

第三届（1992年）

田余庆：北京大学

宿　白：北京大学

魏宏运：南开大学

戴　逸：中国人民大学

龚书铎：北京师范大学

邹逸麟：复旦大学

李文海：中国人民大学

齐世荣：北京师范学院

张岂之：西北大学

林甘泉：中国社会科学院

朱　寰：东北师范大学

姜伯勤：中山大学

李学勤：中国社会科学院（学位委员会委员）

第四届（1997年）

李文海：中国人民大学

龚书铎：北京师范大学

姜伯勤：中山大学

何芳川：北京大学

朱凤瀚：南开大学

林　沄：吉林大学

赵　毅：东北师范大学

邹逸麟：复旦大学

钱乘旦：南京大学

杨国桢：厦门大学

朱　雷：武汉大学

林甘泉：中国社会科学院

李学勤：中国社会科学院（学位委员会委员）

第五届（2003年）

陈　桦：中国人民大学

晁福林：北京师范大学

姜伯勤：中山大学

何芳川：北京大学

李剑鸣：南开大学

林　沄：吉林大学

任　爽：东北师范大学

吴景平：复旦大学

钱乘旦：南京大学

杨国桢：厦门大学

冻国栋：武汉大学

王　巍：中国社会科学院

侯建新：天津师范大学

李学勤：中国社会科学院

李伯重：清华大学

张海鹏：中国社会科学院（学位委员会委员）

第六届（2009 年）

王子今：中国人民大学

晁福林：北京师范大学

陈春声：中山大学

钱乘旦：北京大学

陈志强：南开大学

吴振武：吉林大学

韩东育：东北师范大学

吴景平：复旦大学

陈谦平：南京大学

陈支平：厦门大学

冻国栋：武汉大学

王　巍：中国社会科学院

武　寅：中国社会科学院

侯建新：天津师范大学

李伯重：清华大学

张海鹏：中国社会科学院（学位委员会委员）

三、朱学勤思想对元化先生的影响

朱学勤是一位有思想的学者，其《道德理想国的覆灭——从卢梭到罗伯斯庇尔》《思想史上的失踪者》《风声·雨声·读书声》《被遗忘与被批评的——朱学勤书话》《书斋里的革命》等著作，也和元化先生的论著一样，是有思想的学术和有学术的思想。所不同的是，朱学勤比元化先生约小 30 岁。而元化先生又是朱学勤博士学位论文答辩委员会的主席，是真正的"座主"。但对于学术、思想来说，年龄并不是障碍，年长者也并非一定是年小者的老师。老师也不一定在所有的方面都比学生强。在这方面，元化先生可以说是一位善于吸收别人长处、甚至是自己学生长处的典范。

据 1992 年 6 月 19 日日记：

　　前数晚及今天全天读朱学勤博士论文（关于法国大革命与罗伯斯比尔）。晚写评语。论文第二、三两章论卢梭《社会契约论》写得很好。

6 月 20 日"上午去复旦主持朱学勤博士论文答辩。"

在"一九九一年回忆录"中说（第 86 页）：

　　应朱学勤的要求去复旦大学主持他的博士学位论文答辩。他的论文为了研究罗伯斯庇尔而兼带涉及了契约论问题。这方面我不熟悉，不得不找些书来看。我像大陆的许多人一样，对于启蒙运动思想家的国家学说和民主思想，只知道一家之说，就是只从卢梭的契约论——法国大革命——巴黎公社——十月革命这条线索去理解，因为这是经典性革命理论所阐述的，而对于被批评为"不可知论"的英国经验主义者休谟、洛克等则不屑一顾。学勤的论文引证了为我陌生的一些观点，对我的思想发生了剧烈的冲撞，促使我去找书来看，认真地加以思考和探索。其结果则是轰毁了我长期以来所形成的一些既定看法，对于我从那些教科书式的著作中所读到而并未深究就当做深信不疑的结论而接受下来的东西产生了怀疑。从这时起，我对卢梭的国家学说、对法国大革命的认识，发生了很大的变化。我开始去寻找极左思潮的根源，纠正了原来对于激进主义思潮的看法。我的反思虽然一进入九十年代就开始了，但到了这时候我才真正进入了角色。所以可以说，主持朱学勤的学位论文答辩这件事，是导致我在九十年代进行反思的重要诱因。他的论文引发了我对卢梭《社会契约论》的思考。这一思考延续到本世纪末，直到一九九九年我才以通信的形式写了长篇论文《与友人谈社约论书》，作为自己对这一问题探讨的思想小结。

不论是思想家、学者，还是政治家，其伟大之处，并不在于他是否超越了前人，而在于他是否站在了他同代人的前列，比他的同代人更早一些看到了历史发展的大势。顾准是如此，王元化也是如此。昨天，我们曾经为拥有顾准而骄傲。今天，我们同样也应该为拥有王元化而骄傲。

2003 年 6 月

2013 年 2 月增补，2019 年修改

百年学术的真实写照

——读《学林春秋》

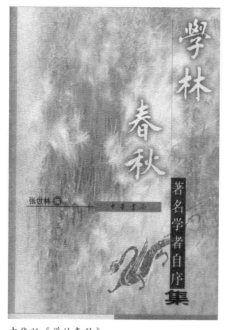

中华版《学林春秋》

1998 年，中华书局出版了张世林先生编的《学林春秋——著名学者自序集》一书，收录了 39 位学者的主要学术活动简况和学术成就（另有周一良先生的《小诗三首》），如钟敬文《我和中国民俗学》、钱仲联《我和清诗研究》、白寿彝《我和中国史学史》、张岱年《我和中国哲学史》、何兹全《我和中国社会经济史研究》、程千帆《我和校雠学》、王永兴《我与唐史研究》、赵俪生《我和顾炎武研究》等。

这些记述，都是以"我和……"或"我与……"为题，记录了这些著名学者的出身、师承、经历、治学经验和甘苦、心得体会和学科建设的构想等。如20世纪80年代的大学生，都读过"日知"的世界史教材和论著，但对"日知"，不要说是学生，就是绝大多数教师，也都了解不多，但当我们今天读了林志纯《"我们"和中西古典学》后才明白："日知"是林志纯先生的笔名，"我们"最初只有三个人，即周谷城、吴于廑和林志纯。可以说，这是一部20世纪的学术史，是青年学者，尤其是文史哲领域的博士、硕士研究生的必读书。正如编者在《卷首语》中所说："本书总算编好了，到底叫什么名字呢？谢方先生提议叫《学林春秋》，'春秋'即史。我编该书的主旨正是为了给中国二十世纪学术史做一小结，故决定就用该名。"

该书出版后，得到了学术界的好评，尤其是得到了"文革"后入学的青年学者的喜爱。但美中不足的是，该书选择面较窄，收录的学者有限。张世林先生似乎很了解这些青年学人的愿望，该书出版后，仍孜孜以求地从事于这一不算学术成果，但"功高且巨"的事业，又约请其他学者继续撰写，于1999年12月由朝华出版社出版发行了三编六册150余万字的《学林春秋》。每编都由上下两册组成，其中第一编是原中华版的增订，收录80岁以上学者的文章44篇，第二编收录70岁以上学者的文章41篇，第三编收录60岁以上学者的文章43篇。如徐规《我和宋史》、冯其庸《我与〈红楼梦〉》、黄永年《我和唐史以及齐周史》、卿希泰《我和道教文化研究》、王尧《我与西藏学》、张泽咸《我与汉唐史研究》、祝总斌《我与中国古代史》、程毅中《我和古代小说》、郁贤皓《我与唐代文史》、李学勤《我和殷墟甲骨分期》等等。

朝华版《学林春秋》

这套书的编写缘起和价值，正如编者在《卷首语》中所说："固然是为了把这批老先生们的宝贵的治学经验及时地抢救下来，为后人治学提供借鉴和帮助。同时，适值20世纪即将过去，正应该对本世纪的中国学术史加以总结。……在20世纪中国学术发展史上，除了上面那批老先生以外，现在年龄在六十以上八十以下的这批学者，也应该及时地加以总结，因为他们是承上启下的一代，为20世纪中国学术的发展同样做出了重要的贡献。要是能把他们中的著名的专家学者的治学经验和体会一并及时地记录下来，庶几总结20世纪中国学术发展史时，便可以留下一批真实可信的第一手资料。""我以为做这件事主要是为了给广大的青年学人在如何治学上提供一些有益的借鉴，同时也是为了更切实地总结20世纪中国学术发展史。"

该书除了学术史的总结外，还有许多方面的意义和价值，现就阅读中的感想略述浅见。

一、本书以"我和……"或"我与……"为题，就是选取了各位学者最擅长、取得学术成就最高的方面进行撰写，从而显现了这些学术大师的学术专长。

由于各方面的学术素养、学术兴趣及学术道路的不同，在这批学者中涌现了一些"通人"、大家，如季羡林先生虽然以"我与东方文化研究"为题，但他在印度古代语言文学、中西交通史、敦煌学研究方面，谁能说不是顶尖高手呢？另如饶宗颐先生，虽以"我和敦煌学"为题撰文，但他在甲骨文、简牍及金石书画方面都堪称一流。再如卞孝萱、周勋初、郁贤皓等先生都是文史兼通的学者。卞孝萱在《我与唐传奇研究》中就提出了学术研究中专与通、文与史相结合，并追求发前人所未发的治学理念。

对于绝大多数学者来说，都是某一领域的专家，都长期在这一领域耕耘，从而做出了令世人瞩目的成绩。这些学者能取得这样巨大的成就，既有许多主客观原因，甚至是不得已而为，但也与其在某一方面锲而不舍的专攻有关。如张广达先生《我和隋唐、中亚史研究》中说："历史学的研究趋势是，就个人研究的操作可行性而言，势须把整体切成条条或块块，拣选其中之一条或一块，作为自己的领域或课题。然而，就学科的总体而言，历史学又要求研究者尽量扩大视野，涵盖历史学理应包括的各个领域，从多角度、多层次、多方面考察历史的传承与变革，避免偏颇，以求全面。今天从事史学研究的人，没有一个人不是从自己的研究领域的一角出发，力图把握历史的整体性与全面性。在当代，人们皆在以有限的精力追求无涯的学术，以至于每　个人都陷入了以个人有限的精力与学科的客观要求相较量的高度张力网中。在法国，人们提倡长时段的考察，多学科的训练，新方法、新思路的探求，新领域、新对象的开拓。在美国，在盛行区域研究、社群研究、阶层研究的同时，又鼓励人们参照各种社会科学的启示而在史学研究中提出花样不断翻新的新观念、新模式、新范畴、新规范，并且开始注意共时性的横向研究中历时性的纵贯。然而，达到这样的要求谈何容易。"

再如蔡鸿生先生在《我和唐代蕃胡研究》中说："学术的原野十分辽阔，我们只能在具体的领域耕耘。管好'三分自留地'，并不算自私，而是自量。钱钟书先生在他的著名论文《诗可以怨》中，发表过一段智者的通达之见：'人文科学的各个对象彼此系连，交互映发，不但跨越国界，衔接时代，而且贯串着不同的学科。由于人类生命和智力的严峻局限，我们为方便起见，只能把研究领域圈得愈来愈窄，把专门学科分得愈来愈细。此外没有办法。所以，成为某一门学问的专家，虽在主观上是得意的事，而在客观上是不得已的事。'我也算是走上'不得已'的路子，但自信一辈子都不会'得意'的。"

二、提供了许多信息。多年来，文史哲研究及资料整理出版方面，常会出现一些"撞车"现象，这主要是学界相互交流较少，信息不大灵通的缘故，而本书却提供了许多学术信息。如傅璇琮先生在《我和古籍整理出版工作》中说他和浙江大学的龚延明先生正在"从事《宋登科记考》的编纂。此书包括科举大事记编年与历榜登科名录两大部分。宋代科举取士人数是历朝最多的，据现有材料统计，约十万人。……而我们的这部《宋登科记考》，已考出登科者五万多人。这可以说是填补中国科举史研究的一项空白"。另如周勋初先生在《我与传统的文史之学》中说 80 年代中期后，他又从事两项规模较大的古籍整理项目，"一是与一些志同道合的朋友主持《全唐五代诗》的编纂，希望总结唐诗文献整理方面的新成果，编成一本质量上超过御定《全唐诗》的崭新总集。一是组织我校古籍所与中文系古代文学教研组内同人，整理出一部《册府元龟》的新点校本。这书犹如一座未被开发的宝库。我们将宋本与明本互校，并与史书互核，后且附以人名索引。相信这书出版后，可给文史学界的研究工作者提供不少便利。"

通过阅读本书，我们可以了解许多这类学术研究信息，使学界能够避免重复劳动，将有限的精力、财力用于其他急需的项目。

三、展现了前辈学者的殷切期望。《学林春秋》的各位作者，都是学有成就的"老专家"（最年轻的王曾瑜先生出生于1939年，也60多岁了），他们已完成了他们那一代或两代人的任务，但他们对学术的执着、对青年学者的期望却跃然纸上。如田余庆先生在《我与拓跋历史研究》中告诫青年一代说："我特别希望有更多的富有开拓精神的中青年学者不要把精力过多地集中在热点问题上（当然，在热点问题上形成了创造性的见解，更是值得的），而是要同时重视开拓新思路，新课题，立志填补历史研究中的空白点。至于趁精力旺盛之时要'上穷碧落下黄泉'到处去抓新史料，这种功夫的重要性就无须多说了。为此目的，哪怕个人的研究工作多绕点路，多费点时间，晚出点成果，也是值得的。"

另如章开沅先生在《我与辛亥革命研究》最后说："如果问我什么是平生最大的安慰，那就是：在海内外扶植了一大批青年学者迅速成长，可以说得上是桃李满天下。"

王曾瑜先生在《我与辽宋金史研究》中殷切希望："最后，我愿再重复一遍，我们这一代治史者，先天不足，后天失调，在学问上与前辈优秀史家确实存在着不可弥补的差距。但我向来热切地期望，在我们一代之后，应出现一代胜于一代的局面。近五十年间，中国大陆的史学界事实上并未有真正的大师，但我也热切地期望，在下一世纪，能出现名副其实的史学大师。我们应当为此目标作不懈的努力。"其对中国史学发展的热切期望之心溢于言表，跃然纸上。

四、中国的传统学术，除极个别学人外，大都有各自的师承，并得到了先辈学者的帮助，如陈寅恪先生对王永兴等、张荫麟、陈乐素先生对徐规，韩儒林先生对陈得芝，吕思勉、童书业先生对黄永年。据王曾瑜《我与辽宋金史研究》记载，他在北京大学历史系读书时，老师们授课的内容，在自己的记忆中自然逐渐淡化，但他们一些金针度人式的治史要诀，他却是记忆犹新，受用终身。如邓广铭先生提出，年代、地理、职官和版本目录为治史的四把钥匙。齐思和先生说："研究历史，不在于能记得多少史料，而在于能查到多少史料。"商鸿逵先生说："会读史学作品的看注，不会读的看正文。"这些对王先生的学术道路自然有一定的影响。如王先生说："我后来养成一种习惯，读论文先看注释，后读正文。审稿时，凡是见到注释中大批使用诸如《宋史纪事本末》之类隔代史籍者，可推知作者必定是宋史研究的外行，可以不看正文，径予退稿。"

近年来，由于扩招，不要说本科生，就是研究生的数量也大大扩大，一个导师可以有十几个，甚至二三十个博士、硕士。再加上各高校实行岗位津贴，以课时工作量等计算津贴，从而取消了一些导师的专业课，而代之以大课堂，与对本科生的讲授已没有多大区别。这样培养出来的学生和机器生产的相似，最缺乏的恰恰是最需要的个性。我记得钱理群先生曾说：人文社会科学的研究生，并不是在课堂上教出来的，而是在导师的书房中聊天聊出来的。我认为这是非常正确的，也对此有着切实的感受。

五、本书的128位作者，有些已经逝世，有些由于身体原因，也已不能进行学术活动了，一部分已经退休。但他们中的绝大多数都有一个共同的特点，即对学术的执着。如去世不久的周一良先生，一直战斗到生命的最后一刻；王永兴先生是1914年出生的，虽退休多年，且"米寿"已过，但他仍然在著书立说；卞孝萱先生退休后也是著述不断，近年还出版了《唐传奇新探》（江苏教育出版社2001年版）、《唐人小说与政治》（鹭江出版社2003年版）；张泽咸先生退休后，身体一直较差，经济状况也不容乐观，但仍在孜孜以求，近期还出版了《一得集》（兰州大学出版社2002年版）、《汉晋唐时期农业》（中国社会科学出版社2003年版）。

相对而言，我们这一代学人，无法和我们的先辈相比。在当前市场经济大潮面前，绝大多数学人都变得太实在、太实际了，不是将学术研究作为一项崇高的事业，而是作为谋生的手段，或者说是获取功名利禄的阶梯。因此不仅涌现不出学术大师，而且还出现了许多假冒伪劣的"学术成果"。

读着这些先辈的治学经历、奋斗历程，我们既感到汗颜，无法面对我们的先辈，又感到身上的担子很重很重，不敢有丝毫的懈怠。

2003年6月

心灵的独白与真实写照

——读周一良先生自传《毕竟是书生》

周一良《毕竟是书生》

周一良先生是国内外著名的历史学家，在魏晋南北朝史、亚洲史和敦煌学方面均有突出的贡献。

1993年，为纪念周一良先生八十大寿，中国社会科学出版社出版了《周一良先生八十生日纪念论文集》，该书给我印象最深的是周先生坐拥书城的一幅照片，但对下面的说明——"毕竟是书生"却不大理解。现在读了周先生的自传《毕竟是书生》（"百年人生丛书"，北京十月文艺出版社1998年版）之后，才真正理解了周先生的心灵及为何要以"毕竟是书生"自称。

"文革"中，由于各种原因，周一良先生"错误地介入派性斗争，参加了'井冈山'"，后又参加了"梁效"（清华、北大两校大批判组）。这一段经历，既使周先生本人心中十分沉重，也使一些学者对周先生有许多议论。如粉碎"四人帮"不久，就有人以诗歌的形式谴责"梁效"成员中的四名老教授——冯友兰、魏建功、林庚、周一良。1980年魏建功先生逝世，"在魏老的追悼会上，我看到王西征先生挽联中有句云：'五十年风云变幻，老友毕竟是书生'。魏老学生时代曾入党，故有'五十年'之云，而'毕竟是书生'五个字深深触动了我。当时即对在旁的田余庆同志表示，此语不仅适用于魏老而已。这些年来，我阅世渐深，也渐明底蕴，思想觉悟有所提高，因而用这五个字刻了一方图章。现用这五个字来概括自传中'文化大革命'一节。实际上，也可以概括我的一生。"

这真是一段心灵的独白，也是周先生经过多年反思之后，对自己一生的概括和总结。这种真诚的反思，体现了周先生宽阔的胸怀。经过历史的悲痛之后，能够直面人生，认真总结与反思，更是周先生高贵品格的写照，是非常难能可贵的。

本书不仅有这样发人深省的心灵独白，而且还提供了许多鲜为人知的史料，为研究20世纪学术史提供了真实的素材。如该书73—74页载："开始批林批孔之前，《北京日报》约我写一篇关于柳宗元《封建论》的文章，据说是毛主席欣赏此文，意在宣扬文中意旨，以防止大军区形成割据局面……到梁效大批判组以后，搞儒法斗争，我写了一篇《诸葛亮与法家路线》，登在《历史研究》。诸葛亮的思想中，儒家之外本兼有道家及法家成分，但此文配合甚嚣尘上的儒法斗争宣传，即使内容没有歪曲附会，客观上也构成'四人帮'反革命舆论组成部分，而我自己还以为是为毛主席革命路线效力。特别是梁效后期注释工作，有时任务急如星火，又须大家讨论定稿，每每深夜才能回家。我常常一边蹬自行车一边想，几十年前古典文献的训练，今天居然服务于革命路线，总算派上用场，不免欣然自得，忘却疲劳。后来《红旗》重新登载了我关于《封建论》的文章，我又当了党的十大代表。毛主席逝世，我列名治丧委员会，参加守灵。所以，直到'四人帮'被打倒，我作为梁效成员始终处于顺境。"

另如，中华书局出版的点校本"二十四史"和《资治通鉴》，在现代学术文化史上占有非常重要的地位，是新中国古籍整理的巨大收获。一些著名的历史学家，如顾颉刚、唐长孺、王仲荦、白寿彝、吴泽等都参加了点校工作，但同是著名历史学家的周一良先生为何没有参加，我则一直不得其解。而该书 55 页记曰："文革"开始后，"我那时思想很单纯：过去几十年远离革命。如今虽非战争，不应再失时机，而应积极投身革命，接受锻炼与考验。写大字报的动机，也就是出于这种要革命的思想。后来，中华书局组织人力标点《廿四史》，我在被调之列。由于同样思想，我表示：如在学校边搞标点边参加革命，我愿意干；如果进城住在书局，完全脱离运动，我不愿意去。"

这既是周先生心灵的真实写照，也是一位历史老人的诉说。在诉说中我们感到了历史的沉重及每个人在重大历史关头选择的重要性。人生虽然漫长，但紧要处只有几步，如果选择失误，将会给人带来一生的遗憾，如果周一良先生当年去中华书局参加"二十四史"的点校。"以后几十年的生活道路会大不相同，不但早日重操旧业，而且避免许多侮辱与坎坷，可以多作十几年有益于人民的工作，而免得浪费那么多有用的光阴！"

这不仅是周先生自己的心灵独白，也是先生以自己的亲身感受向青年一代的谆谆教导，难道不值得我们深思吗？

（原载《兰州晨报》1999 年 3 月 11 日）

我们这代人的学问

——在胡可先《新出石刻与唐代文学家族研究》
新书发布会上的发言

胡可先《新出石刻与唐代文学家族研究》

前段时间购买了四川大学已故缪钺教授的书信集《冰茧庵论学书札》（商务印书馆 2014 年版），看其目录，发现有"与胡可先书（十四通）"，感觉很惊诧，因为胡可先是中文系教授，缪钺是历史系教授，怎么会有这样多的交往呢？但读了他们之间的书信，再了解可先的治学历程和取得的成绩，就感觉很自然了。

缪钺先生是 1981 年国

务院审批的第一批中国古代史专业博士生导师，其研究方向是魏晋南北朝史。但不可否认，缪钺先生在古代文学方面有着很深的造诣，他在古代文学方面的成就和贡献是公认的，是一位真正文史兼通的大家。作为历史学家的缪钺先生，却在古代文学方面成就突出。在专业划分越来越细的今天，简直就成了绝响。

按照现在的专业划分，中文、历史有比较明确的界限，各有其研究对象，只有文献学（中国古典文献学、历史文献学）的界限比较模糊。

出身史学，而对文学有独到研究的学者很少（还有岑仲勉先生），反过来，出身文学而对历史有精到研究的学者则相对较多，以我所熟悉的唐代来说，就有已故中华书局原总编傅璇琮先生、南京大学中文系卞孝萱先生，目前还健在的南京大学文学院周勋初先生和南京师范大学文学院郁贤皓先生。按目前的专业划分，他们四位都属于唐代文学，但谁又不承认，他们同样是唐代历史研究的权威学者呢！

傅璇琮先生的许多著作，如《唐代科举与文学》《李德裕年谱》《唐五代文学编年史》，卞孝萱先生的一些唐史专题论文和《唐人小说与政治》《唐传奇新探》，周勋初先生的《唐语林校证》和主编的《册府元龟》点校本，郁贤皓先生的《唐刺史考全编》和整理的《元和姓纂》等，都是唐代历史研究者的案头必备书。

由于我们所受教育的局限，再加上学科的划分越来越细，每个人都是着力于耕好自己的三分地，不要说中外兼通，就是文史兼通，或对历史学各个领域都有发言权的学者也几乎没有了。愚以为，除前述几位老一辈学者之外，在我们这一辈学人中，唐代文史兼通者就是复旦大学的陈尚君先生和我们浙江大学的胡可先君。

早在 1993 年，可先君就出版了唐代文史结合的学术专著《杜牧研究丛稿》（人民文学出版社 1993 年版），可看出其对唐代文献下过很大工夫。1999 年在浙江大学获得博士学位后，即出版了《中唐政治与文学：以永贞革新为研究中心》（安徽大学出版社 2000 年版），更展现了其对唐代文史材料的熟悉和得心应手的运用。同时进入南京师范大学博士后流动站，跟随郁贤皓先生从事博士后研究。其成果就是与郁先生合著的《唐九卿考》（中国社会科学出版社 2003 年版），此书的出版，使唐代历史学界熟知了可先君的大名。随后可先君一发而不可收，先后出版了《政治兴变与唐诗演化》（中国社会科学出版社 2003 年版）、《唐代重大历史事件与文学研究》（浙江大学出版社 2007 年版）、《出土文献与唐代诗学研究》（中华书局 2012 年版）、《考古发现与唐代文学研究》（浙江大学出版社 2014 年版）等。现在又出版了这本入选国家社科成果文库的新著《新出石刻与唐代文学家族研究》，并承担了国家社科基金重大项目"考古发现与中古文学研究"。

追寻可先君的学术道路，早在 1981 年读大学中文系时，他就写了有关唐代杜牧研究的论文，并投书缪钺先生请教。缪钺先生在回信中既有鼓励，也有期望，还有指教，如"按唐人所谓'应进士举'，指未中进士以前从事应考的活动，其时间并不限于中进士的那一年"；"唐代士人应进士举时，可以将作品投献于有文学声望的朝官，请其推荐，谓之'知己'，并不限于一人"。（《冰茧庵论学书札》第 343—344 页）

1982 年 8 月，缪钺先生致可先信有"你读书切实，思力锐敏，前途极有希望"。（《冰茧庵论学书札》第 346 页）大学毕业后可先在中学任教，缪钺先生还致信说："因为我在川大的工作单位是历史系，不便于招收治中国古典诗词的研究生，否则我可以招收你作研究生，以图深造"。（《冰茧庵论学书札》第 347 页）甚至曾想调可先君入川大做其助手，（《冰茧庵论学书札》第 348 页）也想调入川大古籍研究所，（《冰茧庵论学书札》第 349 页）皆因可先君系中学教师，再加上隔省调动困难而未果。他的《杜牧研究丛稿》就是由缪钺先生推荐到人民文学出版社出版的，在学术著作出版非常困难的 20 世纪 80 年代，可先君的著作能够在人民文学出版社出版，一方面是由于有得力人之推荐，另一方面也说明其著作有一定的学术创新和学术价值。

可先君属于新三级学人（指 1977、1978 和 1979 年入学的大学生和研究生），而新三级又是值得探讨的一代学人。陈尚君先生在给徐俊的《鸣沙习学集——敦煌吐鲁番文学文献丛考》（中华书局 2016 年版）写序时说："我一直觉得，1980 年前后走上学术道路的一群学者，虽然都曾有过一段曲折和耽搁的经历，但有幸在而立前后遇到急速变革的时代，无论环境、风气、文献、观念、手段都大大超过了前代，因而可以做出超迈前修的业绩。"

我近年思考的问题之一就是在唐研究上，文学研究者比史学研究者做出的贡献多，或者说出身文学者在史学方面做出了大的成绩，而出身史学者则鲜有在文学上做出成绩者，其原因何在？值得从学术史的视野进行探讨。

另外，除了前述傅璇琮、卞孝萱、周勋初和郁贤皓先生等出身文学者在史学方面做出成绩外，还有一个值得重视的现实，即正在进行的"二十四史"修订工作，也有一些文学工作者参与了重要的工作，如《史记》由南京师范大学文学院的赵生群先生负责，《新唐书》由南京大学文学院的武秀成先生负责，《旧唐书》和新旧《五代史》由复旦大学中文系的陈尚君先生负责。由这些出身文学的学者负责整理二十四史,可能会有一些不足,但应该引起历史学界,尤其是唐史学界的深思与反思。

2017 年 7 月 1 日

史学视野中的《中国古代文学作品选》

"中国古代文学"是高等院校中文系的最基础课程，就像"中国古代史"是大学历史系的最基础课程一样。新中国成立后，出版有多种的《中国文学史》和《中国古代史》教材，但"中国古代史"的教学参考资料，目前可能还是中华书局在20世纪60年代出版的《中国通史参考资料·古代部分》（翦伯赞、郑天挺主编）

《中国古代文学作品选》

最为实用。而"中国古代文学"的教学相对而言就幸运多了，因为有多种版本的《中国古代文学作品选》可供教师和学生选用。

由于中国的传统是文史不分家，一个合格的史学工作者，不仅要有史学各方面的学术素养，同时也要有文学、哲学的素养，如研究隋唐史的学者，最起码也应对同一时期的文学、哲学有所了解。史学工作者也要了解文学工作者的研究成果，从而才能做到取长补短、融会贯通。

作为一名史学工作者，在多种的《中国古代文学作品选》中，我认为高等教育出版社出版的"普通高等教育'九五'国家级重点教材"《中国古代文学作品选》(主编：郁贤皓，副主编：钟振振、张采民)最有特色。因笔者是研究隋唐五代史的，因此，也只能就该书第三卷"隋唐五代部分"谈点个人看法。

第一，选材全面。本卷所选作品共分五个部分，即诗、文、传奇、词和变文。编者对这五个部分并没有平均对待，而是根据其在中国文学史上的地位给予不同的版面安排。众所周知，唐代是诗的国度，因此诗在此卷中占了很大的比重，共选了62位作者的162首诗，占全书的一半以上。其次为文，共选了18位作者的42篇。再次为词，共选了10位作者的19首，另有1首敦煌曲子词。第四是传奇，选了4位作者的4篇。最少的是变文，只选了1篇。这一选编比重，基本上反映了唐代文学的成就。

该书不仅选材全面，而且很有特色，如诗歌部分既对李白、杜甫、白居易、王维等诗人的作品进行了重点选介，同时还选录了不大为人关注的王梵志诗。尤其是将"变文"作为一类，这是很有见地的。

第二，体例独特。该书所选每位作者前有作者简介。所选作品大多由解题（作品）、注释和选评三部分组成。其中"解题"是对作品写作背景、时间、地点和特色的简要解说；"注释"是对作品中所遇疑难问题的注解；"选评"则精选了古今学者对该作品的评介。有些作品除以上三项外，还有"备考"一项，如"诗"中所选张继的《枫桥夜泊》的"备考"，就将历代学者关于"夜半钟声"的三种解说，即"夜半无钟声""夜半钟属实""不必拘泥于钟声之有无"全部列出，非常便于读者参阅。另如《舜子变》的"备考"，既列出了本篇变文的两个写本：S.4654 和 P.2721，还附录了 P.2721 号写本末关于舜子生平的事迹材料。

第三、学术价值高。本书的最大特点是具有很高的学术价值，如"诗"部分岑参的《轮台歌奉送封大夫出师西征》"解题"："此诗作于玄宗天宝十三载（754），时岑参在安西、北庭节度使幕为判官。轮台：唐县名，唐代属北庭都护府，在今新疆米泉。封大夫：指安西四镇北庭节度使封常清，时加摄御史大夫衔，故称。西征：是年播仙（今新疆且末）叛唐，封常清自轮台发兵平叛，播仙在轮台西南，故称西征。"许多史学著作对这一段历史及其中的地名、官名都语焉不详，而该"解题"却将其交代得清清楚楚，若没有深厚的史学功底是根本不可能的。

另如柳宗元《段太尉逸事状》注"王子晞为尚书，领行营节度使，寓军邠州"说："晞：郭晞，郭子仪第三子，善骑射，随子仪征讨，有战功，拜殿中监，加御史中丞，卒赠兵部尚书。据《通鉴考异》，郭晞当时的实际官职是左常侍，不是尚书，柳宗元所记有出入。行营：出征时的军营。寓军：临时驻扎的军队。邠州：治所在今陕西彬县，中唐时在此置邠宁节度使。广德二年（764），郭子仪加太尉，以副元帅充北道邠宁、泾原、河西以东通和吐蕃及朔方招抚使，抵御吐蕃、回纥，在邠州有行营及驻军。当时郭子仪入朝，郭晞领行营节度使。"注释"天子以生人分公理"说："生人：生民，百姓。理：治理。此处乃避唐太宗李世民、高宗李治讳，改民为人，改治为理。"

《任氏传》的注释更是体现了作者的史学功底，如："使君：对刺史的尊称"；"新昌里：与下文中宣平、升平均为唐长安里坊名，三坊相邻。新昌里邻延兴门，宣平坊在新昌里之西，升平坊在宣平坊之南。据《旧唐书·地理志》，长安有一百零八坊（《大唐六典》谓一百一十坊，今人谓实际是一百零九坊）"；"教坊：唐代管理宫廷音乐的机构，专管雅乐之外的音乐、歌舞、百戏的教习、排练、演出等事务。教坊原设于宫内，隶属于太常。玄宗开元二年（714），设内教坊于蓬莱宫侧，又于长安、洛阳各设左右二教坊，以中官为教坊使，从此不隶属太常。西京左教坊在延政坊，右教坊在光宅坊，左教坊善歌，右教坊工舞"；"西市：唐代于皇城东南、西南设东、西二市，各占两坊之地，各有二百二十个行业，是当时长安城商业最集中的地方"；"千福寺：在安定坊内东南角，唐高宗咸亨二年（671）以章怀太子李贤旧宅改建，天宝初楚金禅师于寺建法华道场，造多宝塔。后改名兴元寺，俗称铁塔寺"；"苍头：奴仆"；"不时除籍：任期未满而被解职"；"全彩：整匹彩缎"；"信宿：连续两夜，意为第三天。古代称一宿为舍，再宿为信"。

第四，吸收了学术界的最新成果。本书不论在"解题"还是"注释""选评""备考"中，都能吸收学术界的最新研究成果，如："王梵志"介绍中，就吸收了张锡厚《王梵志诗校辑》、项楚《王梵志诗校注》的研究成果；李白《清平调三首》"备考"中介绍了《浦江清文录》、任半塘《唐声诗》和吴企明《李白〈清平调〉词三首辨伪》（载《文学遗产》1980年第3期）、李廷先《〈李白清平调词三首辨伪〉商榷》（载《文学遗产》1981年第4期）对此词的不同看法；"岑参"介绍中提到了陈铁民、侯忠义的《岑参集校注》；《任氏传》"解题"

中就吸收了章培恒等《中国文学史》的意见;《舜子变》"解题"中，吸收了王重民等《敦煌变文集》、黄征等《敦煌变文校注》的研究成果。

作为一部"作品选"，编选者不仅能在选、注上下功夫，而且还像写学术论文一样，能够充分吸收学术界的研究成果，这的确是难能可贵的，更是应该大力提倡的。

第五，实事求是。编者治学态度非常严谨，真正做到了知之为知之，不知为不知。不故弄玄虚，贻误学子。在注释或解题中，对目前尚不能考实的历史地名及史事，也能给予实事求是的说明，如《轮台歌奉送封大夫出师西征》中，在注释"雪海、阴山"和"剑河、沙口"时说:"今地不详，当在今新疆境内。"

为什么本书能有这样的特色和很高的学术水平呢？这是与编者的学术水平和责任心分不开的。本套教材的主编是郁贤皓教授，本卷的主编也是郁贤皓教授。

郁贤皓教授不仅是中国古代文学研究的权威学者，而且也是唐代历史研究的顶尖高手。在唐史研究方面，做出了许多开创性的工作，如由其主持整理的《元和姓纂》，1994 年由中华书局出版后即成了中国古代文史，尤其是唐史研究者的案头必备书。他编纂的《唐刺史考全编》和《唐九卿考》，集资料考释与研究为一体，大大超越了前人的同类著作，是唐代文史研究者的常用参考书。

正因为郁贤皓教授有深厚的唐代文史素养，再加上其认真负责的精神，因此，由其主编的这套《中国古代文学作品选》就能有鲜明的特色和很高的学术价值。

我们这一代学人，由于所受教育的局限，往往将学术研究的范围限定在一个较短的时段内，如秦汉史、魏晋南北朝史、隋唐史、明清史等等，这种按朝代划分研究范围的办法，显然是不得已而为之的。实际上，就是做断代史的研究，也需要对前后朝代的历史有比较全面的把握，如研究隋唐史，应对魏晋南北朝史和宋史有比较深入地了解，才能上钩下连，厘清历史发展的脉络。

而郁贤皓教授则不同，他不仅在中国古代文学方面造诣颇深，而且在唐代历史研究方面，也能站在学科前沿，堪称唐代文史兼通的大家之一。愚以为，目前在中国大陆学界，唐代文史皆通者有四位，即中华书局的傅璇琮先生、南京大学的周勋初、卞孝萱先生和南京师范大学的郁贤皓先生。按目前的专业划分，他们四位都属于唐代文学，但谁又不承认，他们同样是唐代历史研究的权威学者呢！

我们这一代学人，不论是学术能力，还是责任心、事业心，都无法和我们的先辈相比，更出不了像郁先生这样文史皆通的大家。这是时代的悲哀还是民族的悲哀？荣新江君在纪念邓广铭先生时说："邓先生等一代鸿儒带走的不仅仅是他们个人的学问，而是北大在学林的许多'第一'。"真的，随着我们的上一代、上两代学人的退休、离世，不仅仅使我们失去了学业上的老师，更重要的是使我们失去了精神上的导师，使我们在为人、治学，做人、做事上缺少了楷模。

这就是我对本卷"作品选"的一点看法和读后的感想，不知郁先生及读者同意否？

《册府元龟》校订本出版的启示

南京大学古典文献研究所周勋初先生主持校订的《册府元龟》（校订本），已由凤凰出版社于2006年12月出版。全书共12册，由前言、校点说明、分部目录、分册目录、正文、附录和人名索引组成，近1600万字。本书甫一出版，即得到了学术界的高度关注和评价。除卞孝萱先生在《中华读书报》、陈尚君先生在《文汇读书周报》的书

《册府元龟》点校本

评外，《光明日报》还在 2007 年 9 月 15 日以"古籍整理的重大成果——《册府元龟》（校订本）专家学者笔谈"为题，发表了专版笔谈。安平秋、程毅中、傅璇琮、卞孝萱、郁贤皓、陈尚君、许逸民等学者就《册府元龟》（校订本）的成就及学术价值等发表了很好的意见，认为它"代表了当前对《册府元龟》整理的最新、最高水平，同时在古籍整理学界，在古文献学界也树立了一个整理中国古典文献的优秀范例"；它是一部"学术含量很高的整理本，是近年来古籍整理领域的一大收获"，是"最重要的学术成果之一""是一部古籍整理的典范之作"；"是近年来少见的穷究史料本源、完全遵循学术规范的古籍整理巨著"。

专家学者们的以上意见都是正确的，对我的启发则主要是：

第一，这是一部大书，又成于众人之手，这在今天实在是不容易的。目前，由于学术评价体系等各方面的原因，许多大项目都是半途而废。有些大的"工程"，争取到国家的大量经费后，一方面在新闻媒体造势，另一方面又将项目层层下放、转包，从而不能保证质量。由周勋初先生主持的《册府元龟》（校订本），似乎并没有造势，我还是在《学林春秋》上周先生所写《我与传统的文史之学》中得知这一讯息的；也没有得到多少经费的资助，更不是什么重大或重点项目能让其成员可以为此获得职称、多得津贴。在这种状况下，25 位作者聚集在周先生麾下，能够坚持十多年，甘坐冷板凳，一字一句地校订，的确是难能可贵的。我想，这除了坚守学术阵地、对学术的执着外，与周勋初先生的学术品格，尤其是人格魅力有着巨大的关系。正是周先生执着的学术追求，对下属、同事的关怀、关心，处处以身作则、为他人着想的人格魅力，才使众多的学者能够不计名利地坚持十多年。我真的很担心，以后还能有这样的队伍吗？还能有这样的群体吗？还能有这样的成果吗？

第二，众所周知，《册府元龟》保存最多的是唐五代的史料，其中保存的唐五代实录就多达三四百万字。它的唐五代部分，大多是采用正史和实录编成的，而这些正史实录已几乎全部亡佚。因此，《册府元龟》对唐五代历史的研究就具有特别的史料价值，它可以与《资治通鉴》的唐五代部分及两《唐书》、两《五代史》等量齐观。（当然，《旧五代史》本身就主要是从《册府元龟》中辑补的，陈尚君先生的《旧五代史新辑会证》也主要取之于《册府元龟》。）

这样一部对唐五代历史研究具有特别重要价值的类书，其校订者并不是唐五代的历史研究者，而是唐代文学或古典文学研究者，这本身就是一个值得探讨的课题。

由于我们所受教育的局限，再加上学科的划分越来越细，每个人都是着力于耕好自己的三分地，不要说文史哲兼通，就是文史兼通，或对历史学各个领域都有发言权的学者也几乎没有了。愚以为，目前在中国大陆学界，唐代文史皆通者有四位，即中华书局的傅璇琮先生、南京大学的周勋初、卞孝萱先生和南京师范大学的郁贤皓先生。按目前的专业划分，他们四位都属于唐代文学，但谁又不承认，他们同样是唐代历史研究的权威学者呢！

如周勋初先生，早就有《唐语林校证》《唐人轶事汇编》等唐史研究者的案头必备书，现在又为唐五代史研究者提供了这样大部头、高质量的校订本《册府元龟》，哪位唐史研究者能不感谢呢！正如安平秋先生所说："周勋初教授学养深厚，学风谨严，眼界及于海内外学术，长于将传统学术与当代治学融会贯通，已是当前人文科学领域的大家。"

当我们在"培养""选拔"学术大师时，岂不知真正的大师就在我们的身边。如傅璇琮先生、周勋初先生、卞孝萱先生、郁贤皓先生，谁又能不承认他们是大师呢？他们的作为、他们对事业的执着追求、他们的敬业精神、他们的人格魅力，难道不值得我们学习和敬仰吗？

当我们在着力"培养""选拔"未来的学术大师时，却冷落了现在真正的学术大师，岂不是学术的悲哀、时代的悲哀？

第三，学术有南北之分，甚或有京派、海派之说，这主要是由于北京、上海特殊的政治、经济、文化地位，从而使教育、文化、学术资源向其绝对倾斜，重大的学术项目和出版工程也放在北京或上海。

既远离北京又处于上海近邻的南京，由于既得不到北京的辐射，又成为上海的附翼，其处境是非常尴尬的。但南京的学者们并没有放弃，而是一直在努力。前几年，南京大学出版社出版了匡亚明先生主编的"中国思想家评传丛书"200册；现在，凤凰出版社又出版了周勋初先生主编的《册府元龟》校订本。"中国思想家评传丛书"是匡亚明先生以革命家、官员和学者的三重身份组织、动员全国的学者参与的；《册府元龟》校订本则是周勋初先生以个人的学术品质和人格魅力领导南京的学者（主要是南京大学的学者）完成的。从"中国思想家评传丛书"到《册府元龟》校订本的出版，彰显的是一种朴实的学风和甘坐冷板凳的精神。如果我们将其称为"南大学派"或"南京学派"也许应该是可以的吧？

目前，《周勋初文集》七卷已由江苏古籍出版社出版，我们也期待着《卞孝萱文集》《郁贤皓文集》的出版。同样，我们还期待着南京地区其他学者的文集出版。希望一个真正的"南大学派"或"南京学派"出现在中国的学术版图上。

像《册府元龟》这样大部头的书，其校订又成于众人之手，如果出现这样那样的不足，甚至错误也是难免的。现就笔者阅读所见，提出一条意见，向周先生及诸位校订者请教，也希望有机会再版时能够更正。如本书第201—202页："（大中）五年七月，土蕃沙州刺史张义潮遣兄义潭以瓜、沙、伊、萧等十一州户口来献。自河、陇陷蕃百余年，至是悉复陇右故地。十二月，沙州置归义军，以张义潮为爪、沙、伊等州节度使。"如果按照校点说明"凡明显错字……则径行改正，一般不出校记"的原则，"土蕃"应改为"吐蕃"；"以瓜、沙、伊、萧等十一州户口来献"的"萧"显然是错字，它是"肃州"的"肃"，应该直接改正；"以张义潮为爪、沙、伊等州节度使"中，将"瓜"误为"爪"，原本是正确的，而校订本则由于校对方面的疏漏而错了。

2007年10月

《唐代户籍编造史稿》序

孙宁《唐代户籍编造史稿》

在中国原有的7世纪之后的古代史籍文献中，对唐王朝的籍帐记载非常简略，幸而有敦煌吐鲁番文书的发现，使我们能够对唐代的籍帐制度进行比较全面的考察。

谈到唐代籍帐研究，绕不过去的是日本学者池田温先生的《中国古代籍帐研究》、我国学者朱雷先生的《敦煌吐鲁番文书论丛》、宋家钰先生的《唐朝户籍法与均田制研究》，他们的共同特点是既有历代史籍文献的深厚功底，又娴熟敦煌吐鲁番文书，还有深邃的洞察力和思辨力。

1979年，我考入甘肃师范大学（现西北师范大学）历史系学习。同年，池田温先生的《中国古代籍帐研究》出版，并由东京大学东洋文化研究所赠送甘肃师范大学历史系一册。在当时历史系主任金宝祥先生、总支书记陈守忠先生的积极支持下，由曾留学日本东京大学的龚泽铣教授翻译此书。

我在读书和留校工作后，曾多次听到金宝祥先生、陈守忠先生和吴廷桢先生（近代史专家，1983年任历史系主任）谈及龚泽铣先生翻译《中国古代籍帐研究》的相关信息。

1983年初，西北师范学院（原甘肃师范大学，1981年更名）敦煌学研究所成立，陈守忠先生是负责人，同年7月我毕业留在敦煌所工作。1984年，《中国古代籍帐研究》的中译本由中华书局出版，这算是西北师范学院敦煌学研究所的第一本译著，研究所给我们人手一册学习。

由于当时的排版印制条件，1984年出版的只是全书的概论部分，并不包括具有极高史料价值的图版、录文。池田温先生在1982年撰写的中译本序言中曾说："占拙著过半的录文部分，因印刷技术上的关系，不包括在译本之中，但对于拙著的利用者而言，缺少录文无疑是多有不便。期待将来用某种方式以解决这一困难。"21世纪初，当中华书局决定再版《中国古代籍帐研究》时，就补入了全部录文和图版。为了译者的著作权问题，中华书局汉学编辑室主任柴剑虹先生曾委托我寻找龚泽铣先生的家属。由于龚先生已去世多年，其子女也无法联系，便由西北师范大学历史系写了情况说明。这就是2007年中华书局纳入"世界汉学论丛"的《中国古代籍帐研究》全译本。

1997 年，我赴武汉大学随朱雷先生学习。朱雷老师曾作为唐长孺先生的学术助手，从事吐鲁番文书的整理，并重点研究籍帐文献，他的《唐"籍坊"考》《唐代"手实"制度杂识——唐代籍帐制度考察》《唐代"点籍样"制度初探》《唐代"乡帐"与"计帐"制度初探》等论文，都是利用敦煌吐鲁番文书，研究唐代籍帐制度的代表性成果。我在帮朱老师整理编辑《敦煌吐鲁番文书论丛》时，曾多次学习这些论文。

2000 年春，清华大学召开文科建设会议时，经济史学科请了两位专家——中国社会科学院经济研究所研究员经君健先生和朱雷先生。李伯重先生谈到为何请朱雷先生时说：在日本时，他曾与池田温先生谈及中国史学界的看法，池田温先生认为，做经济研究的应是朱雷。

正是因为有这些机缘，我虽然未能专门研究唐代的户籍与籍帐，但时刻关注着本课题的研究进展。2008 年，孙宁同学考入南京师范大学，随我研习敦煌学。他读书很用功，不仅系统阅读了关于唐代的主要史籍，还研读了敦煌吐鲁番社会经济类的汉文资料。在学习的过程中，他对唐代的造籍问题产生了兴趣。2011 年他继续随我攻读博士学位，并提出从事唐代造籍研究的计划，经认真考虑，我同意了这一选题。其后的三年中，他沉浸于其中，阅读了这一领域的相关论著和研究资料，我们也时常讨论，还共同撰写发表了《池田温先生与敦煌学》(《敦煌研究》2013 年第 3 期)一文，试图总结池田先生在籍帐研究方面的学术贡献。

孙宁的《唐代户籍编造史稿》，就是在博士学位论文的基础上增补修订而成。通观全书，可以说初步实现了作者的研究计划，即努力还原唐代三百年间户籍编造的基本情况，同时还对某些相关事项进行了细致分析。如对唐代前期户籍编造的探讨，将武德、贞观时期作为唐代户籍法令颁布、各类户籍文书出现并依法编造的初期，进而推至开元、天宝时期，将其定为唐代户籍编造制度的顶峰。彼时户籍法令得到有效的调整与维护，户籍编造十分频繁。尽管存在地域与时代差别，户籍编造在唐前期始终得到了普遍推行。这些讨论离不开传世史料与敦煌吐鲁番文书的相结合。而作者对唐后期的户籍编造周期、户等审定及编造政策等诸多变化的论述也不乏新见，指出中晚唐时期的户籍编造被赋予了更多的政治内涵。同时也认定这些变化被五代所继承，进而讨论了五代时期在户籍编造与户口统计上的努力。

孙宁此书还利用新获文书对唐代特殊户籍——僧尼籍的编造状况作了探讨。唐朝于武德九年（626）已在中原地区开始编造僧尼籍，其"三年一造"的周期与民籍保持同步，但开元年代之后发生了新变化，逐步改为"五年一造"乃至"十年一造"。在正常时期，负责地方僧尼籍编造的是县级官府，而晚唐归义军政权统治下的敦煌地区，则由河西都僧统司负责造写。作者尝试解释僧尼籍编造份额与民籍相同的原因，主要在于僧尼的人身自由与其可以占有土地。此点也有益于我们对唐代特殊户籍的认识。

孙宁的著作即将出版，他征序于我。作为导师，我既无理由推辞，又感到诚惶诚恐。因略述本人学习敦煌吐鲁番文书与唐代籍帐的学术渊源，希望孙宁继续加强唐史和中国经济史的学术修养，不断提高出土文书的研读能力，同时不要忽略经济学理论的摄取与吸收，以冀完成一部研究唐代户籍制度全貌的高水平的经济史著作。

（原载孙宁《唐代户籍编造史稿》，中国社会科学出版社 2017 年版）

"二十四史"的点校出版

《往事与沉思》传记丛书

顾潮 著

历劫终教志不灰
我的父亲顾颉刚

华东师范大学出版社

顾潮《历劫终教志不灰——我的父亲顾颉刚》

中国的文化有所谓"避讳学",为尊者讳、为亲者讳已是司空见惯之事。但还有一种"避讳",即为仇者、敌人,甚至犯了错误的人"避讳",将他们的贡献,或正确的见解也一笔带过,甚至抹杀。

众所周知,"文革"时期,中国的出版业除了领袖、伟人的著作和儒法斗争等配合"形势"的出版物外,其他能够出版的寥寥无几。但有一项巨大的文化工程，却是在这一阶段校点和出版的，这就是中华书局版的标点本"二十四史"。

为什么能在"文革"中集中大批的史学界一流专家于北京、上海从事"二十四史"的点校整理呢？以往的文章、著作中，都只说是毛主席、周总理关心的结果，包括许多当事人的回忆，也是语焉不详。最近读了中国社会科学院历史研究所副研究员顾潮女士的专著《历劫终教志不灰——我的父亲顾颉刚》（华东师范大学出版社1997年版）一书，才对其中一些细节得以明了。作为顾颉刚先生之女的顾潮，已出版了《顾颉刚年谱》《顾颉刚评传》，这次又以第一手的资料撰写了这部具有重要史料价值的传记。

据顾潮女士提供的资料，1971年4月，北京召开出版会议，由于毛泽东主席对于历史的偏爱，姚文元便在会上提出了二十四史的标点工作。在"文革"以前，只有前四史，即《史记》《汉书》《后汉书》《三国志》得以标点出版，4月2日，姚文元在致周恩来总理的信中提出此时应继续完成其他未标点的史书，以"作为研究批判历史的一种资料"。当日周总理即在姚信上批示："二十四史中除已有标点者外，再加《清史稿》都请中华书局负责加以组织，请人标点，由顾颉刚先生总其成，究如何为好请吴庆彤同志提出版会议一议。"4月7日，国务院办公室主任吴庆彤及国务院出版口、中华书局领导并中国科学院哲学社会科学部（顾颉刚先生所在单位）军宣队领导到顾颉刚先生家中向其传达了周总理的指示。随即顾先生便根据自己所了解的情况开列了工作者名单，但他不知其中有几位已在"文革"中去世，如陈寅恪、蒙文通。29日，顾先生出席"廿四史"及《清史稿》标点印行工作会议，会上讨论了他的计划书及中华书局的计划，决定抽调人员集中到北京、上海两地，组成两个标点组，各承担若干部，分头进行。每史都指定一人负责通读复阅，以统一体例。各史校点完毕，由顾先生总其成，审查定稿后，由中华书局出版。(《历劫终教志不灰——我的父亲顾颉刚》第319—320页)

5月中旬，毛泽东批准了这次会议所拟定的工作计划。由于有这一尚方宝剑，中华书局便从全国各地抽调了许多史学界名流，如唐长孺、翁独健、王仲荦、白寿彝、郑天挺、邓广铭、吴泽、罗尔纲、陈述、王毓铨、孙毓棠、张政烺、启功、周振甫、阴法鲁等，参加了这一工作。在当时特殊的政治形势下，"二十四史"的点校工作，在客观上便保护了这些学界名流免遭批斗与专政的厄运，因为有些学者就是从"牛棚""五七干校"中被借调来的。因当时顾颉刚先生已年近八旬，再加上体弱多病，以后整个"二十四史"及《清史稿》的校点工作，实际上是白寿彝负责，并成立了点校组，由白寿彝任组长，赵守俨、吴树平任副组长，唐长孺、翁独健、陈述、王毓铨等各史专家分工合作完成的。

"二十四史"及《清史稿》的校点，从1971年5月开始，经北京、上海两地80多位史学工作者的共同努力，于1973年底校点完毕，至1978年全部出版。

(原载《中华读书报》1999年10月27日6版)

陈寅恪与藏语、西夏文的解读

彭向前先生的《藏语在解读西夏文献中的作用》(载《中国社会科学报》2013 年 3 月 6 日),以陈庆英、聂鸿音二位先生的研究为例,说明了利用藏语可以部分解读西夏文献。

陈庆英先生是藏学研究的著名学者,聂鸿音先生是西夏学研究的著名学者,他们各自的研究都很出色,其运用藏语解读西夏文的成果也很有启发。

利用藏语解读西夏文献,是比较语言学的问题,而比较语言学又是 20 世纪二三十年代西方学术的主流。许多学者如伯希和、韩儒林、于道泉及以后的耿世民等,都懂得多种语言及专门学问,并且能自由运用。但随着时代的变化,尤其是第二次世界大战后,国际学术潮流发生了变化,比较语言学也不再是学术界的主流了。

陈寅恪先生在欧洲留学多年,能够善于把握学术新潮流,不论是西北史地研究,还是蒙藏绝学探讨,都能够站在学术前沿。20世纪二三十年代陈先生学术研究的重点就是运用比较语言学研究西北史地和民族问题。

1932 年,陈寅恪在《西夏文佛母大孔雀明王经夏梵藏汉合璧校释序》（原载 1932 年《历史语言研究所集刊》第二本第四分，此据《金明馆丛稿二编》第 198—199 页，上海古籍出版社 1982 年版）中，对王静如先生的《西夏文佛母大孔雀明王经夏梵藏汉合璧校释》给予了高度评价，认为它是"近日吾国学术界之重要著述"，同时以西夏文为例谈了比较语言学的重要性，即"治吾国语言之学，必研究与吾国语言同系之他种语言，以资比较解释，此不易之道也。西夏语为支那语同系语言之一，吾国人治其学者绝少，即有之，亦不过以往日读经石刻辞之例，推测其文字而已，尚未有用今日比较语言学之方法，于其同系语言中，考辨其音韵同异，探讨其源流变迁，与吾国语言互相印证发明者"。

在序文中陈先生还举例说明了西夏文、藏文、梵文和汉文的联系，不仅说明了利用藏语解读西夏文献的重要性，而且还探讨了它们之间的关系，即此重要性之来源："就吾人今日所见西夏文字佛教经典而论，其译自中文者多，而译自藏文者少。但西夏与吐蕃，言语民族既属大同，土壤教俗复相接近，疑其翻译藏文佛经，而为西夏语言，尚在译汉为夏之前。"

但为何会有时会出现汉、藏、夏翻译中的错误呢？陈寅恪先生认为："此类译名若果歧误，后来自必知之，特以袭用已久，不烦更易，荀卿所谓'约定俗成'者也。"

目前，由于我国的教育状况及学科结构，能够运用多种语言，尤其是能运用不再使用的死文字（如吐火罗文、回鹘文、突厥文）的学者已非常罕见，就是懂藏文、西夏文的学者也是很少了，至于既懂藏文又懂西夏文的学者则是少之又少了，这就需要国家大力培养和扶持，以推动藏学、西夏学等学科的发展。

（原载《中国社会科学报》2013 年 4 月 17 日）

弘扬学术道德　捍卫科学尊严

1997 年下半年，学术界最受震动的事件，乃是华东理工大学的胡黎明事件。由于有人揭发了胡黎明的博士论文为抄袭，华东理工大学撤销了胡黎明的博士学位、硕士研究生和博士研究生导师资格、国家重点实验室主任等职务。可以说，这是为了捍卫科学的尊严，国内对伪科学、假科学最严厉的制裁。当时我就想，既然胡黎明的博士学位论文为抄袭，那么其导师难道不知道吗？同行专家的评审是怎么过关的？其答辩委员会是怎么通过的？后来，《学位与研究生教育》1998 年第一期对此事作了报道："从原始的答辩记录也可看到，答辩过程是认真的。答辩委员会提出了一些很有深度的问题，最后仍一致通过其答辩。究其蒙混过关的原因，除了导师把关不严以外，还有几点重要原因。"即胡的抄袭手段及当时国内学者由于信息等各方面原因不能察觉的情况，算是给胡的导师和各位答辩委员卜了一个台阶。

无独有偶，据《中华读书报》1997 年 12 月 24 日所载杨玉圣先生《警钟应该长鸣》一文披露："上海复旦大学历史系某博士生业已由答辩委员会通过的论述美国与韩国外交关系的'博士论文',因其事后被发现存在严重的抄袭剽窃事实,也被取消其申请博士学位资格,并被勒令退学。"可惜的是此事没有公开报道,也不了解详情。如果能将其作详细的报道,并公布这位"假博士"的导师和答辩委员会成员,可能对学术界的教育会更深刻一些。

杨玉圣先生在文中还说:"据了解,像华东理工大学这样因学位论文存在抄袭问题而撤销剽窃者博士学位、职称、职务者,这在中国学术界尚属破天荒的第一例;像复旦大学这样因学位论文存在抄袭问题而取消剽窃者申请博士学位资格并勒令其退学的,迄今亦属绝无仅有的一例。"这就是胡黎明事件能在教育界、科技界引起巨大反响的原因。因为这几年博士、硕士的数量越来越多,而水平则的确不敢恭维,但却很少有答辩通不过的,岂不是令人不可思议吗?

1997年还有一件大事,即吵闹了十多年的"水变油"终于画上了句号。据《南方周末》1998年5月8日报道:"水变油"的发明人王洪成由于制造、贩卖伪科学被哈尔滨市中级人民法院于1997年11月14日判处有期徒刑10年。这是许多科学家反对伪科学、假科学、为捍卫科学尊严而奋斗的结果,为了这一公正的结论,清华大学煤燃烧国家工程研究中心接受委托进行了实验,8个人忙了40天,才完成了研究报告,这一实验也得到了公安部和国家科委的认可。既然"水变油"是神话,为何王洪成还能招摇撞骗十多年呢?其原因之一是"此前没有一家科研单位做过像清华大学这样严格的实验,有的单位是得了钱就开证明,而不少乡镇企业看到科研单位的大名也就真信了王氏的膨化剂,慷慨解囊"。另一原因是一些科学家丧失了科学的道德,践踏了科学的尊严,他们没有经过实验研究,甚至违背科学的基本规律,就签名支持对王洪成的"发明"进行研究,从而使王洪成的"水变油"神话变成了一个应进行继续研究、探讨的科学课题。但历史终究是公正的，"在去年评选中科院院士时，有一位曾参加签名的科学家虽获院士投票最多，但终未进入院士之列"。这就是说，科学研究允许有失误，科学家也有犯错误的可能，但绝不允许违背科学规律，绝不允许践踏科学的尊严。

相对于自然科学和实验技术来说，社会科学的评价体系、指标不好掌握，真假科学的判定也就更难了。可喜的是《历史研究》1998年第1期刊载了葛剑雄、曹树基的书评《是学术创新，还是低水平的资料编纂？——评杨子慧主编〈中国历代人口统计资料研究〉》（以下简称《书评》），紧接着《中华读书报》1998年3月25日，发表了该报记者的专稿《一篇书评问世的前后》，对此事作了跟踪报道。《书评》全文约16000字，它认为由杨子慧主编、改革出版社于1996年出版的《中国历代人口统计资料研究》一书，洋洋370万字，"本应是一部极富学术价值的创新之作。但遗憾的是，占全书篇幅72%的古代各篇，只是一个低水平的、错误百出的资料编纂，从中难以发现编纂者们的学术贡献"。

为什么这部由"中国社会科学院院长基金"和"中国社会科学院出版基金"资助出版的"中国社会科学院'八五'重点科研项目成果"是"一个基本失败的课题"呢？《书评》指出："我们注意到，《研究》一书各篇的编者大多是人口学、经济学方面的研究人员。尽管其中大多数编者具有高级或中级职称，但他们的专业本不在于此。也就是说，这部著作的古代部分基本上是由一些非专业人员编撰的。除了个别编者以外，大部分编者从未从事过中国古代人口史方面的研究，在专业杂志上，也从未读到过他们的论文。就是主编本人，我们也未读到过他有关中国古代人口史方面的研究论文。因此，要求他全面把握中国古代人口史资料的编纂，显然是不切实际的。这部书的古代部分如果说有什么价值的话，只能说他显示了一群非专业人员涉足其他专业时的毅力和勇气。"

这样一部总体上不合格的著作，怎么能够通过专家委员会的审查和鉴定，获得中国社会科学院院长基金和出版基金的资助出版呢？该书扉页上印有四位专家和学术委员会的评审意见，一致给予了该书很高的评价。对此，《书评》作者指出，除了中国社会科学院人口所学术委员会所作评审外，其他四位评审专家"虽有历史学家介入其中，但也不是从事人口历史研究的专门家。毫不客气地说，这些评委和人口所的学术委员会所作出的学术鉴定，完全是非专业化的，缺乏起码的学术水准"。

据《中华读书报》记者了解，参加评审的四位专家中，有一位是中国社会科学院人口所的研究员，另外三位是北京大学和北京师范大学的教授，他们基本上都是历史学、人口学方面的知名学者。"当记者采访到其中两位专家，问到他们是否仔细审读过《研究》一书，他们的评审意见是否有言过其实、不实事求是的地方时，他们不愿意多谈这件事。"

对此，《书评》作者却从另一角度尖锐指出："此书语言文字方面的错误不知有多少，评委却称颂为'文字表述准确生动'，不知他们真正看过没有？"

对于中国社会科学院的重点科研项目，这样的评论是有史以来极为罕见的，但中国社会科学院的态度却很积极，他们将在全院通报此事，人口所已决定中止杨子慧正在进行的《中国人口通史》的编纂。人口所副所长、学术委员会负责人蔡昉在接受记者采访时说："这样的学术批评对整个学术界来说，是一件有利于学术建设的好事。我是《研究》一书学术评定会的主持人。作为个人，我不赞成推卸责任，正确的态度是积极对待、吸取教训。"

　　在人文社会科学领域，我还没有见过这样尖锐的批评文章。近年来，由于许多单位在职称评定、选拔优秀等方面，只看数量，不看质量，一些人为了紧跟这一指挥棒，抄袭、重复之事常常发生，制造了许多文化垃圾。有的人可以随便联合编一本教材，其质量哪怕比其他的低许多，但仍可以推销给学生，本人也有了"著作"，既可以评职称，又可以得稿酬，真可谓名利双收。一本一二十万字的书，甚至可以有四个主编、八个副主编。至于许多"顾问"不问、"主编"不编的情况更是屡见不鲜。

　　就是这样的"文化垃圾"，我们却缺乏客观、公正的评价体系。许多书评都是朋友、同学、同事、师生之间的相互吹捧，甚至一些书评作者连书都没有看，仅仅依据前言、后记等就写出了"书评"。正是由于这一原因，当《历史研究》发表了葛剑雄、曹树基在摆事实、讲道理基础上的批评性书评后，便引起了社科界的广泛关注，正如《中华读书报》在发表《一篇书评问世的前后》一文时所说："在当前学术界、出版界，书评变成庸俗的'吹捧文章'，渐渐失去其批评作用的现象已相当普遍的情况下，这篇书评所能引起的强烈反响是可以想见的。它超越了一个学科内部的学术争论范畴，引起了有关方面的高度重视，同时也必将引起整个学术界对学术规范、学术道德及科研管理等问题的深刻反思和热烈讨论。"

（原载 1998 年《西北师范大学报》，此文获甘肃省高校新闻学会颁发的"甘肃省 1998 年高校'好新闻'言论类一等奖"）